에이미의 치즈케이크

에이미의 치즈케이크

초판 1쇄 인쇄 | 2013년 5월 7일
초판 1쇄 발행 | 2013년 5월 15일

지은이 | 이영호
펴낸곳 | 다담북
펴낸이 | 최한호
편   집 | 미토스
디자인 | 강희연

등록번호 | 2012년 10월 16일 제 2012-000018호
주소 | 인천 부평구 부평문화로 115번길 54 미성 304
전화 | 032-507-6509
팩스 | 032-507-6505
이메일 | chh6505@naver.com
© 이영호
ISBN 978-89-969789-1-6 (13320)

에이미의 치즈케이크

이영호 지음

dadambook 다담북

소득신고 자료를 기준으로 우리나라 소득 상위 1퍼센트는 약 8만 5,000명이다. 이것은 전체 봉급생활자 약 854만 명을 기준으로 했을 때의 수치인데, 이들의 연소득은 3억 3,000만 원대에 부동산은 평균 16억 4,000만 원이다. 이들은 국민 전체 근로소득세의 25퍼센트를 내고, 종합소득세의 50퍼센트 정도를 부담하고 있다. 이들의 수익은 부동산 임대, 배당금까지 5억 원이 훌쩍 넘는다. 임금근로자 평균의 26배다. 이들의 전체 평균 자산은 22억 원 정도로, 부동산 자산 비중이 74퍼센트에 달한다.

당신은 어떤가? 나머지 99퍼센트에 속한다고 상위 1퍼센트를 아예 염두에 두지도 않고 지레 포기할 것인가? 앞으로 상위층과 하위층 간의 소득 격차가 더욱 벌어질 것이라고 한다. 그럼 그 이유를 알고 당신의 앞길을 대비해야 하지 않을까?

왜 가난한 사람은 더 가난해지고 부자는 더욱 부자가 되는 걸까? 부자와 가난한 사람의 차이는 대체 무엇일까?

눈여겨봐야 할 점이 한 가지 있다. 상위 1퍼센트는 하위 1퍼센트보다 소득공제 금액이 4배 더 많다는 사실이다. 버는 만큼 세금관리도 철저히 해서 공제받을 건 받는다는 이야기다. 당신은 지금까지 번 돈을 어떻게 관리했는가?

세금관리부터 부자는 가난한 사람과 확연히 다르다. 부자들의 이런 모습들을 주목할 필요가 있다.

이 책은 가난한 사람들에게 부자가 되기 위한 투자 노하우나 절세 요령을 알려주는 실용서가 아니다. 이 책은 가난한 사람들이 왜 가난할 수밖에 없는지, 그렇다면 생활태도를 어떻게 고쳐야 하는지, 가난을 부르는 어떤 생활습관을 버려야 하는지를 이야기해준다. 거침없는 수다를 통해 가난에 익숙해지면 안 된다고 강조하고, 돈과 사업에 대한 잘못된 태도를 직접적으로 꼬집고, 잘나가는 사람의 습관을 선명하게 일러준다. 이 책은 한마디로 성공의 문턱에서 당신이 그동안 안 되었던 이유, 고쳐야 할 태도에 관한 이야기다.

여기, 당신의 멘토 '에이미'와 커피숍에서 만나보자. 그녀와 치즈케이크를 놓고 나누는 대화 속에서 성공의 또 다른 메뉴를 골라보자. 여자의 수다가 멋진 여자의 인생을 만든다.

2013년 5월
패션디자이너 이영호

Contents

"이 돈? 없어도 살고, 있어도 살아."
└ 돈 생기면 먼저 저금하고, 남은 돈을 쓰는 거야

돈 없어도 살고, 있어도 산다고?

그거 좋은 말이야. 네 말도 맞아.

돈이라는 거 있다가 없을 수도 있고, 없다가 있을 수도 있으니까.

돈 떨어지면 아르바이트해서 벌면 되고,

돈 생기면 뭐 다음에 또 벌 테니까 그냥 쓰면 되고.

그러고 보니까, 너 요즘 신용카드 잘 쓰더라.

월 한도 한 200만 원쯤 되니?

아직 학생이고 소득이 불규칙하니까

월 한도가 많을 거 같지 않은데……

200만 원 정도면 한 달 용돈으로 쓰고도 남을 돈이라고 생각하는데

어떠니?

뭐?

200만 원 한도였는데, 신용도가 올라가서 요즘엔 월 500만 원이라고?

그런데 그것도 쓰다 보니 부족해서 돌려막기를 한다고?

얼마 전에 가방 하나 더 사서 이젠 연체할 것 같다고?

너, 제대로 미쳤구나!

애, 월 500만 원을 다 어디다 쓰니?

네가 하는 일이 바쁘다고? 뭐가 바빠?

집이랑 학교 오가는 데 지하철이랑 버스만 하루 네 번 탄다고 했지?

분당에서 대학로까지 오려면

버스비에 지하철비 포함해서 3,000원 정도 되고

왕복이니까 6,000원이라고 하자.

그럼 한 달 주 5일씩 네 번이니까, 20일 계산해서 차비만 12만 원이네?

점심 식사는? 그리고 저녁 식사는?

그래, 학교에서 점심 식사랑 저녁에 공연 준비하는 곳에서 식사하는 거.

한 끼에 6,000원씩이라고?

그럼 하루 두 끼, 12,000원이네?

그럴 순 없겠지만 한 달 내내 공연 준비하면서 수업 듣는다고 치면,

20일 포함해서 24만 원이네?

그래, 좋아. 한 달 식대로 24만 원.

그리고 또 어디에 돈을 쓰니?

뭐? 밥만 먹냐고?

커피 마시고, 영화 보고, 옷 사 입고, 화장품 사고, 가끔 공연도 보러 가고…….

그러다 보면 돈을 어디에 썼는지 모르게 사라진다고?

교통비랑 식사비 따지면 한 달 36만 원이고, 나머지 464만 원을 너 꾸미는 데 쓰는 거네?

너, 성형하려고 돈 모으거나 그런 거 하니?

그런 거 아니라면 다시 생각해, 애.

이제 갓 20대 여자애가 한 달에 돈 500만 원 쓴다?

그것도 모자라서 카드 돌려막기에 연체까지 한다?

너, 그거 정상 아니야.

뭐라고?

핸드백 샀는데, 그게 300만 원?

화장품 샀는데, 그건 20만 원?

백화점에서 원피스 하나 샀는데, 그게 70만 원?

핸드백이랑 원피스에 어울리는 구두 사는 데 또 몇 십만 원 썼다고?

그리고 또?

친구들 한 번 만나면 차 마시고 영화 보고 밥 먹는 데만 3만 원에서 5만 원이라고?

일주일에 한두 번은 보니까 한 달에 여섯 번만 만난다고 해도 30만 원은 거뜬히 넘는다고?

대학 들어와서 그렇게 몇 달 보냈더니 쓴 돈이 500만 원이 훌쩍 넘었다고?

카드로 막다가 이제 한도를 넘겨서 다른 카드 만들어 또 막고…….

이젠 그동안 쓴 돈이 얼마인지 생각하기도 싫다고?

미쳤어, 완전히 제대로 돌았어.

안 되겠다.

너, 잘 들어.

다른 애들이 내가 부자라고 부러워하는 거 나도 들었어.

하지만 난 태어나면서부터 부자였던 게 아냐.

난 너와 달리 돈을 안 써서 부자가 된 거거든.

너, 이제부터 내 말 잘 듣고 따라 해볼래?

사실, 부자가 되는 건 그리 어려운 게 아냐.

돈 많은 사람을 우리는 부자라고 부르잖아?

근데 그거 생각해봤니?

부자가 처음부터 돈이 많았을까?

절대 아냐.

그럼 부자들은 도대체 돈을 어떻게 벌고 어떻게 불렸을까?

아, 부자들의 돈 버는 방법이 중요한 게 아냐.

너는 부자들의 돈 쓰는 법을 배워야 해.

사람들은 어떻게 부자가 되었는지 알고 싶어 하면서 매번 돈 버는 방법만 물어보더라?

그건 답이 아닌데 말이야.

부자들 돈 버는 거?

다른 사람들이랑 크게 다르지 않아.

열심히 일하고 남들 버는 만큼 버는 거니까.

그럼, 부자는 뭐가 다를까?

그래! 맞아. 부자들은 돈 쓰는 게 달라.

생각해볼래?

돈은 눈 뭉치랑 같아.

너, 돈 쓸 때 "이 돈 없어도 살아"라는 말 자주 하더라.

근데 그거 틀린 말이야.

네가 "이 돈 없어도 살아"라는 건 돈이 그나마 얼마라도 있을 때 얘기지.

너, 그 돈마저 없으면 아무것도 못해.

차 몰고 외출도 못하고, 아파도 병원에 못 가.

배고파도 뭐 하나 사 먹지 못해.

정말 돈 없으면 제대로 살 수 있을 거 같니?

돈은, 어느 순간 큰돈이 확 들어오는 게 아냐.

작은 돈들이 모이고 꼭꼭 쌓여서 큰돈이 되는 거야.

그래서 눈 뭉치 같다고 하는 거야.

작은 눈 뭉치를 굴리고 불려야 큰 눈사람을 만들 수 있지.

돈도 똑같아.

작은 돈을 굴리고 불려야 큰돈이 되는 거거든.

얼마 전에 들은 어떤 여자 이야기를 해줄게.

알뜰하게 돈을 모아서 몇 천만 원 만든 여자가 있어.

이 여자는 결혼도 하고 집도 살 생각으로 저축해서 돈을 불렸지.

근데, 어느 날 사기를 당해 돈을 몽땅 날려버린 거야.

하지만 이 여자, '멘붕'에 슬퍼하는 것도 잠시…….

이 여자가 다시 어떻게 했는 줄 아니?

주머니를 뒤져보니까 단돈 300원이 나오더래.

여자는 그걸 갖고 다시 은행으로 갔대.

은행 창구에서 직원이 당황스러운 표정으로 묻더래.

돈 잘못 주신 거 아니냐고…….

여자는 300원 맞다고, 이 돈 저금하겠다고 말했대.

이 얘기는 실화야. 너도 새겨들어.

큰돈을 벌려면 어느 정도 네 돈을 가진 상태에서 사업을 해야 해.

그 돈을 씨드머니SEED MONEY, 종잣돈이라고 하지.

그 돈을 만들기 전까진 넌 돈 없는 사람이라고 생각하고 버텨야 해.

그 정도의 돈도 모으지 못하면 넌 아무것도 할 수 없다고 생각하는 게 맞아.

돈을 불리고 싶니?

그렇다면 우선 직장생활 열심히 하면서 저축하는 게 제일 안전한 방법
이야.

신용카드는 하나만 남기고 나머진 몽땅 잘라버려! 당장!

카드대금은 대출로 바꾸는 방법을 알아봐.

이자부터 내는 방법으로 월 지출액을 소액으로 만들어야 해.

돈을 불리고 싶니?

그렇다면 우선 직장생활 열심히 하면서 저축하는 게 제일 안전한 방법이야.

신용카드는 하나만 남기고 나머진 몽땅 잘라버려! 당장!

카드대금은 대출로 바꾸는 방법을 알아봐.

이자부터 내는 방법으로 월 지출액을 소액으로 만들어야 해.

"내가 알아서 할게. 신경 쓰지 마. 걱정도 하지 마."
└ 문제가 생기면 다른 사람들과 의논해야지

네 문제니까 혼자서 해결하겠다고?

알아서 할 테니까 신경 쓰지 말라고?

걱정도 하지 말라고?

너의 그 생각, 틀렸어.

너, 가만히 보면 은근히 자존심 세더라.

너는 네 힘든 일 아무에게도 말하지 않고 혼자 해결하려고 하지.

그러면서도 정작 다른 사람들 힘든 거 있으면 네가 나서서 도와주려고 하지.

근데, 그거 좋은 거 아냐.

넌 아주 힘든 길 가는 거야.

너, 그거 아니?

너 힘든 건 말 안 하고, 다른 사람들 힘든 거 도와주려는 네 행동 말이야.

그거 지나친 자만심이고 잘난 체하는 것일 뿐이야.

힘든 것 정도는 나 스스로 해결할 수 있는 여자다, 난 그런 여자다, 나는 완벽하다.

이 착각 속에 빠진 거야.

이번에 잘 알아야 해.

넌 혼자서는 아무것도 할 수 없는 사람이야.

언젠가 네가 한 말이 기억나.

외동딸로서 엄마 아빠 힘들게 하고 싶지 않다고 했지.

외동딸 하나만 바라보고 살아온 세월, 아들 노릇까지 해서 기쁘게 해 드리고 싶다고 했잖아.

그래, 네 말 맞아.

넌 효녀야. 근데, 지나친 효녀야. 어리석은 효녀 말이지.

왜냐고?

그래, 물어보자.

너의 그 생각, 엄마 아빠께 말씀드린 적 있어?

"엄마, 아빠! 나, 이런 생각 갖고 있는 딸이니까 걱정 말고 안심하세요"라고 한 적 있어?

없지? 없을 줄 알았어.

난 그게 너 혼자만의 착각이라는 걸 알아.

네 엄마 아빠는 당신 딸이 그렇게 생각하는 거 절대 원하지 않으셔.

아무것도 모르면서 아는 척하지 말라고?

너야말로 아는 척하지 말아야 해.

아무것도 모르면서, 아무것도 혼자 할 수 있는 게 없으면서 혼자 다 할 수 있다고 착각하지 말라는 소리야.

너, 얼마 전에 그 말 했잖아.

면접 보러 회사 가는데 차비가 없어서 걸어갔잖아.

근데 그 회사 면접관이 아무것도 모르면서 왜 이렇게 늦었냐고 짜증 냈다고 했잖아.

그때 넌 눈물이 났다고 했지.

사람들이 아무것도 모르면서 자기들 마음대로 생각하고 대뜸 네게 짜증부터 냈다고…….

그때 너 사람들이 다 싫다고 그런 말도 했잖니.

너, 혹시 이상한 거 못 느끼겠니?

네가 하는 말 속에 너의 착각이 숨어 있는 거 말이야.

면접 보러 가야 할 일이 생기면 너처럼 혼자 가는 게 아냐.

차비가 없을 정도로 돈이 없으면 '그래, 걸어가자'고 하면 안 되지.

당연히 친구에게 말해야지.

차 태워달라고, 데려다 달라고, 차비 빌려달라고 해야지.

그게 맞는 거야.

친구들이 그런 말 하면 싫어할 거 같아?

아냐. 친구를 도와주는 거니까 더 좋아해.

근데, 넌 또 혼자 생각한 거야.

이런 일로 친구들 힘들게 하면 안 되니까 혼자 걸어서라도 가자고.

결국 너 그날 면접 어땠니?

지각해서 엉망이었잖아. 그래서 떨어졌잖아.

너 혼자 알아서 한 일이 잘된 게 없잖니.

얘, 친구야.

세상이 다 그래. 혼자 할 수 있는 일은 없어.

예컨대 스마트폰 제조기업의 회장을 생각해볼까?

회장이 스마트폰을 직접 다 만들고 영업하고 파는 거 아니잖아?

스마트폰을 만들어 팔려면 연구원도 필요하고, 제작자도 필요하고, 영업자도 필요하고, 관리자도 필요하지.

기업 회장이 혼자 하는 게 절대 아냐.

또 어느 기업이 돈을 잘 번다고 해서, 이 역시 기업 스스로의 힘만으로 한 게 아냐.

수출에 유리하도록 환율을 방어하는 등 정부의 정책적 지원도 무시 못하지.

기업이 좋은 제품을 만들었다고 해도 정부의 정책 지원이 없으면 세계 시장에서 살아남질 못해.

응? 정부가 왜 기업을 도와주냐고?

공존해야 하기 때문이지.

그런 점에서 도와준다는 표현은 옳지 않아.

다시 생각해볼까?

기업이 잘되면 어떻게 되겠니?

취업률이 올라가겠지.

취업률이 올라가면?

정부는 국민들에게 인정을 받겠지.

게다가 기업이 잘되면 세금도 많이 내겠지?

세금이 많아지면 정부 재정도 좋아지겠지.

돈이 많아진 정부는 또 국민을 위해서 다양한 복지사업을 펼칠 수 있지.

그러면 국민들은 행복해지지.

또 국민들은 정부를 믿고 일을 열심히 하니까 다시 기업이 좋아지는 거고.

세상에 혼자서 할 수 있는 건 아무것도 없어.

먹을 것도 누군가 마련해줘야 해.

잠잘 집도 누군가 지어줘야 해.

입을 옷도 누군가 만들어줘야 해.

혼자 다 할 수 있다고?

네가 집도 짓고, 옷도 만들고, 먹을거리도 농사를 지어 먹는다고?

또 잘난 체하기 시작이니?

아직도 멀었네.

그럼 이건 어때?

집을 지으려면 시멘트, 쇠, 벽돌, 못, 나무 같은 재료가 필요하지.

너 그건 어디서 구할 건데?

그리고 옷을 만들려면 재봉틀, 하다못해 바늘이 있어야 하는데 그건 어떻게 할래?

먹을거리도 마찬가지야.

바닷속에 들어가서 물고기를 잡았다고 치자.

불은 어떻게 피워서 익혀 먹을 거니?

물고기 다듬는 데 필요한 칼은?

칼도 네가 만들 거니?

잠은 수풀 속이나 동굴에서 자고, 옷은 나뭇잎으로 대신하고, 식사는 나무 열매로 해결한다고?

그래, 좋아. 그릴 수 있어.

근데, 너 아프면?

약은 어떻게 할 거야?

가장 큰 사실 하나가 있는데, 넌 어떻게 태어났니?

혼자 태어났니?

아니잖아.

혼자 뭐든지 할 수 있다고 자꾸 말하는 건 네 오기일 뿐이야.

똥고집에 무리수를 두는 거야.

사람은 타인과 서로 문제를 얘기하고, 도움을 주고받으며 살아가는 거야.

너 혼자서 다 알아서 하는 게 아니지.

우리 모두가 같이 노력해서 잘해 나아가는 거야.

앞으론 너 혼자 모든 고민 끌어안고 끙끙대지 말고 사람들에게 얘기해 보렴.

너 약한 모습 보이기 싫지?

그래서 진짜 말하기 싫지?

그런데 그거 아니?

너 그렇게 혼자 있는 게 제일 약한 거야.

병원에 가더라도 네가 아픈 걸 얘기해야 의사가 치료해줄 수 있어.

네가 배고픈 걸 알아야 밥을 줄 수 있어.

네가 무슨 일을 잘하는지 알아야 사람들이 너한테 일을 줄 수 있어.

네가 하는 일을 얘기하고, 잘하는 모습을 보여주고, 힘든 거, 필요한 것도 자꾸 얘기해야 해.

그래야 사람들도 너를 도와주면서 너한테 도움을 구할 수 있어.

네가 사람들에게 편히 얘기하지 않으면, 사람들도 너한테 쉽게 얘기를 못 해.

명심해.

혼자 하는 일은 없어.

다 함께하는 거야.

혼자 대충 하는 것보다 여럿이 해서 잘하는 게 최고라는 거, 꼭 기억하고.

네 문제니까 혼자서 해결하겠다고?

혼자 뭐든지 할 수 있다고 자꾸 말하는 건 네 오기일 뿐이야.

똥고집에 무리수를 두는 거야.

사람은 타인과 서로 문제를 얘기하고, 도움을 주고받으며 살아가는 거야.

너 혼자서 다 알아서 하는 게 아니지.

우리 모두가 같이 노력해서 잘해 나아가는 거야.

앞으론 너 혼자 모든 고민 끌어안고 끙끙대지 말고 사람들에게 얘기해보렴.

"입을 옷이 없어."
└ 가진 돈의 30퍼센트 안에서 재테크하고,
절대 넘지 않아야 해

우리 쇼핑 갔을 때 기억난다.

3층 여성캐주얼 파는 곳이었지?

화이트 컬러에 어깨를 드러낸 디자인의 셔츠를 본 네 눈이 반짝 빛났잖아.

쉽게 발걸음을 떼지 못하는 널 보며 나는 눈치 챘지.

아, 이 옷이 진짜 마음에 들었구나.

근데 쉽게 사지 못 하는 널 보고 나도 약간 당황했어.

마음에 들 정도로 예쁜 옷이라면 사면 되는데 왜 안 살까?

가격이 비싼 편은 아니었잖니?

내 기억에 아마 3~4만 원 정도였으니까.

하지만 넌 결국 아쉬움을 뒤로한 채 집에 가자며 내 팔을 끌었지.

그 순간 나는 퍼뜩 깨달았던 거야.

그래, 네 생일 선물로 이 옷 사주자.

새 옷을 들고 나오는 너의 기분 좋은 발걸음에 나도 기쁘더라.

"예스!" 하며 팔을 뻗는 네 모습, 진짜 좋아하는 스타일의 옷을 손에 넣었구나 하는 너의 모습…….

왜, 나도 알잖아.

너 패션디자인학과 나와서 옷에 대해선 전혀 모르진 않는다는 거.

그날 자리를 옮긴 저녁 식사 자리에서도 너는 내내 즐거웠지.

너는 집에 가서 빨리 옷을 입어보고 싶다고 했지.

여자에겐 누구나 그런 기분 있으니까.

옷 살 때도 단순히 그 디자인만 예뻐서 사는 게 아니지.

다른 옷이랑 어떻게 입을 건지, 어떤 신발을 신고, 어떤 가방을 들 건지 다 맞춰서 사는 거잖아.

나도 그날 이후로 너의 스타일이 궁금했지.

저 옷을 입고 어떤 모습으로 나타날까 하는 상상도 해보면서 말이야.

솔직히 정말 궁금했어.

셔츠 한 장에 3~4만 원이면 크게 부담되는 가격은 아닌데…….

너 아르바이트도 하고 있었잖니?

왜 선뜻 지갑을 열지 않았을까.

근데, 나중에 알았지.

저녁 식사 때 네가 나한테 말해줬지.

"나 요즘 주식 사논 게 폭락해서 돈이 없어."

주식을 사고파는 건 자본주의 세상에서 정당한 투자 활동이니까 나쁜 건 아냐.

하지만 주식투자, 잘못하면 제대로 망하는 거지.

주식해서 돈 벌기가 하늘에 별 따기처럼 어렵다는 거 나도 알거든.

아마 너도 그때 같은 기분이었겠지.

1,000원에 산 주식이 계속 하락해서 500원도 안 될 때, 지금이라도 주식을 팔아야 하나, 아니면 오를 때까지 기다려야 하나 갈등하는 거 말

이야.

그 무렵, 네가 주식을 팔았어도 3일은 지나야 계좌에 들어올 텐데, 본 전도 못 건지는 그런 투자는 망한 거나 다름없어.

네 주식 지금은 어때?

많이 올랐어?

아니면 여전히 그대로야?

얼마 전에 만났을 때 네가 했던 말 기억하니?

주식투자로 돈 버는 재미에 쏙 빠졌다고…….

그런 네 모습을 보는 나도 신기했지.

어때? 요즘 주식투자는 잘되니?

아직 잘 모르겠다고?

정말 최선을 다해서 분석하고 종목을 골라 샀는데, 주식을 사는 순간 그 회사 주가가 하락하기 시작하더니 도대체 상승할 기색이 없다고?

그럼 중간에 바로 손절매를 하지 그랬니?

손절매는 손해를 보더라도 주가가 떨어지는 종목의 주식을 파는 걸 말해.

손절매 시기를 놓지면 신싸 힘들어지거든.

그래, 네 말처럼 떨어진 주가도 언젠가 오를 때가 있긴 해.

하지만 언젠간 오르겠지 하고 무작정 갖고만 있으면 그것 역시 바보 같은 행동이야.

다른 주가는 계속 오르거나 상승하는데, 넌 떨어진 주가에 팔지도 못 하고 안절부절못하면서 그 좋은 기회를 다 놓치는 셈이 되잖아?

주식투자에 대해 알려줄게.

우선, 주식투자는 100퍼센트 승률이 불가능한 투자라는 걸 알아야 해.

돈은 여윳돈으로, 투자 기간은 장기적으로, 그러니까 한 3년 이상 투자할 생각이라면 상관없겠지.

하지만 단순히 투자 수익을 원한 단기간의 투자라면 신경 써야 할 게 한두 가지가 아니야.

매일매일 경제 상황도 봐야 하고, 환율과 다른 나라 주식시장 변동폭도 봐야 해.

가령, 환율이 내려가면 기업들이 무역을 통해 수익을 얻으니까 주식시장에서 주식도 오르지.

기업들이 주식시장에서 돈을 조달할 필요가 없으니까 거래가 뜸해지고, 시장에 살려는 사람은 많은데 주식은 없으니 당연히 가격이 오르게 되지.

미국 돈 1달러에 1,000원 하다가 2,000원으로 오른다면 수출은 늘어나.

그러면 기업 자금 사정은 좋아지고, 기업의 수익도 늘어나겠지.

기업이 돈을 벌고 있으니, 자금 조달을 하려고 주식시장을 기웃거릴 필요가 줄어드는 거야.

이런 이치야.

그럼, 환율이 오르면 어떨까?

미국 돈 1달러에 1,000원 하던 환율이 올라서 1달러에 900원이 된다고 해볼까?

그렇게 되면 수출기업들에겐 큰일이 나는 거지.

다른 나라 기업들과 거래하면서 물건 하나에 1달러 받겠다고 계약했을 경우, 1,000원일 때 벌어서 쓰는 돈이랑 900원일 때 버는 돈이랑 다르지.

무역 거래를 통한 매출이 자그마치 10퍼센트가 줄어드는 상황이 되는 거잖아.

기업들은 진짜 난리가 나는 거야. 그치?

결국, 환율이 오른다는 건 기업들 자금 사정이 나빠지는 거야.

영업 활동을 통한 수익이 줄어드니까 주식시장에 주식을 팔게 되는 거고.

사는 사람은 한정되어 있는데 주식 물량이 많아지면 어떻게 되겠어?

주식 가격이 떨어지게 되는 거잖아.

그래서 주식시장은 환율시장의 영향을 많이 받는 거야.

근데, 이건 반드시 기억해야 해.

주식 산 후에 가격이 항상 오르는 건 아니잖아? 그치?

그럼 가격 하락폭을 보면서 긴장해야 해.

가격이 5~10퍼센트만 떨어지더라도 바로 팔아야 해.

왜 그러냐고?

다음에 다시 오를 텐데 그냥 갖고 있으면 될 걸 왜 파냐고?

내가 팔고 나서 오르면 그것도 손해니까, 내 말이 틀리다고?

아냐, 아냐.

들어봐.

한 개에 10원 하는 주식을 네가 1,000원어치 샀어.

근데, 이 주식이 어느 날 갑자기 폭락하기 시작하더니 한 개에 8원, 7원으로 떨어지는 거야.

넌 그때 생각하겠지.

팔까? 말까?

내 답은 이땐 반드시 팔아야 한다는 거야.

주식 가격이 떨어져서 네가 투자한 금액이 1,000원에서 자꾸 떨어지면 그건 손해야.

손해가 된다는 건 가진 돈이 줄어든다는 거잖아.

5퍼센트, 10퍼센트 떨어지면 넌 가진 돈이 950원, 900원 정도로 될 거야.

근데, 여기서 잠깐!

너 그동안 주식투자 많이 했겠지만, 주식시장에서 어떤 종목이든 며칠 만에 5퍼센트, 10퍼센트 이상 급등하는 주식 본 적 있니?

거의 없지?

오른다고 하는 주식들도 자세히 보면 3퍼센트, 5퍼센트 오르는 게 고작이야.

10퍼센트 오르는 주식은 거의 없지.

그럼 다시 돌아와볼까?

네가 손절매를 해야 하는 순간이 바로 5퍼센트 하락일 때, 10퍼센트 하락일 때야.

1,000원에서 10퍼센트 하락이면 900원만 남아.

하지만 네가 다시 본전을 찾기까진 불가능한 게 아니거든.

900원이 네 돈 전부가 되면 그 돈의 10퍼센트는 90원이지.

900원 투자해서 10퍼센트 수익률로 90원 더 벌어 990원 만들기란 어렵기만 한 건 아냐.

근데, 네가 손절매할 시기를 놓치고 만약 500원만 남겼다고 해봐.

500원을 투자해서 1,000원을 만들려면 500원을 더 벌어야 해.

그런데 자본금 500원으로 1,000원 만들기란 불가능하다고 봐야 하지.

왜냐하면 500원을 투자해서 500원을 더 번다는 말은 네가 100퍼센트 수익률을 달성해야만 가능하다는 얘기거든.

아까 얘기했지?

주식시장에서 3퍼센트, 5퍼센트, 10퍼센트 정도는 잘하면 짧은 기간에 달성할 수 있어.

하지만 100퍼센트는 쉬운 일이 아니잖아.

똑같은 얘기야.

500원밖에 안 남았다면 네가 그걸 굴려서 100퍼센트 수익을 낸다는 건 불가능해.

주식투자로 네가 100퍼센트 수익을 낼 실력을 가진 사람이었다면?

넌 1,000원을 굴려서 이미 아주 오래전에 2,000원 이상 만들었을 거야.

이해하겠니?

1,000원을 투자해서 이익이 나면 괜찮아.

하지만 손해가 되기 시작하면 하락폭 5퍼센트나 늦어도 10퍼센트 이내에서 파는 게 너한테 이익이 된다는 뜻이야.

그 정도 손실폭은 시간만 있다면 얼마든지 회복할 수 있거든.

1,000원으로 투자를 시작한 네가 500원을 잃어서 500원만 남았다고 하는 건 50퍼센트 손해를 봤나는 의미가 아니야.

이는 100퍼센트를 벌어야 본전이 된다는 것과 같아.

주식이 오를 때도 마찬가지야.

주식은 계속 오르지 않아.

오르다가 내려가는 게 정상이야.

그럼, 오를 때 무작정 더 오르기를 바라면서 갖고 있는 거?

이것도 안 돼.

오르기 시작하면 잘 보다가 5퍼센트나 10퍼센트 올랐을 때 파는 게 좋아.

10퍼센트 수익이 나서 1,000원에서 1,100원이 됐다고 해보자.

1,000원의 10퍼센트는 100원이지.

1,100원의 10퍼센트는 110원이지.

100원과 110원은 10원 차이가 아냐.

10퍼센트 차이야.

네가 투자를 이어갈 돈이 10퍼센트가 더 늘어났다고 봐야 하는 거지.

이제 알겠어?

그래, 앞으로 주식투자 계속 하더라도 꾸준히 안정적인 수익을 올리길 바랄게.

그리고 무엇보다도 손절매가 중요하다는 거 잊지 말고.

네가 가진 돈이 1,000원이라면 최대 30퍼센트 이내에서만 돈을 굴리도록 해.

1,000원이던 주식이 700원이 되기 전에 팔아버리라는 소리야.

30퍼센트 떨어진 게 아니라, 나중에 45퍼센트 정도의 수익을 올려야 된다는 의미니까.

1,000원에서 300원은 30퍼센트이지만, 700원에서 300원은 약 45퍼센트잖아.

단순히 30퍼센트 하락이라는 수치에 속으면 안 돼!

네가 앞으로 어떤 주식투자를 하든 간에 가진 돈의 30퍼센트 이내에서만 굴리도록 해보렴.

그럼 넌 큰 부담 없이 투자할 수 있을 거야.

1,000원에서 30퍼센트를 잃고 700원만 남았다고 해도 그나마 다시 시작할 수 있다는 마음의 여유는 있잖아.

하지만 그 이상 많은 돈을 잃게 되면 마음이 조급해지고 눈이 캄캄해져.

그래서 다시 어떤 일을 시작하기가 어려워져.

이 점을 꼭 기억해야 해.

주식투자 안전하게 운용하는 방법?

네가 앞으로 어떤 주식투자를 하든 간에 가진 돈의 30퍼센트 이내에서만 굴리도록 해보렴.

그럼 넌 큰 부담 없이 투자할 수 있을 거야.

1,000원에서 30퍼센트를 잃고 700원만 남았다고 해도 그나마 다시 시작할 수 있다는 마음의 여유는 있잖아.

하지만 그 이상 많은 돈을 잃게 되면 마음이 조급해지고 눈이 캄캄해져.

그래서 다시 어떤 일을 시작하기가 어려워져.

이 점을 꼭 기억해야 해.

"지난번 남자는 뭔가 안 맞았어. 이번엔 진짜야!"
ㄴ, 성공에 자만하지 않으며 항상 듣기에 집중해보렴

오랜만이네?

사귀던 남자랑 헤어졌다더니…….

새 남자가 생겼다고?

축하해.

지난번 남자는 사귀면서도 어딘지 불편한 게 있었는데 이번에 만난 남자는 널 편하게 해준다고?

너 즐거운 모습, 보기 좋다.

잘되길 바랄게.

근데 네 말을 듣는데 좀 이상한 거 같아.

응?

전화를 해도 항상 네가 먼저 한다고?

그 남자는 전화를 반갑게 받아주고 대화도 잘하긴 하는데 매번 바빠서 데이트하는 시간이 별로 없다고?

만나면 한 달에 한 번? 두 번?

전화도 매번 네가 먼저 하고?

그거 사귀는 거 맞아?

음, 그래.

네가 먼저 사귀자고 했고, 그 남자도 그러자고 했다면 뭐 사귀는 거겠지만 그래도 좀 이상해.

나한텐 그런 상황이 좀 낯설어.

사랑이 뭔지 아니?

콩깍지가 눈에 씌어 모든 게 아름답게만 보이는 상황?

호르몬 체계가 발동되어 정신이 혼미해지는 상황?

유효기간이 있어서 3개월이고 3년이고 정해진 기간만큼만 서로 좋아하는 상황?

사랑을 어떤 말로 정의 내리기보다는 너와 그 사람에게 서로에 대한 이해가 먼저 필요해.

모든 일이 그렇듯 말이야.

사랑한다고 꼭 같이 있어야 하는 건 아니니까.

그래도 사랑하면 보고 싶고 자꾸 같이 있고 싶어지긴 하지.

사랑이 누구에게나 똑같은 방식이라면 조금 심심하잖아?

매력도 없고…….

커플매니저 해봐서 알 거 같은데?

거기 남자 여자 왜 만난데?

서로 조건 맞춰서 이상형 찾는 거 아냐?

자기 욕심에 맞는 사람 찾는 거잖아.

그래서 네가 대단하다고 생각했어.

서로 딱 어울리는 남자 여자 만나게 해주는 거, 진짜 어려운 거거든.

욕심이 끝이 없잖아?

100원 가지면 1,000원 갖고 싶고 그런 거지.

사랑하니까 보내줄 수도 있고, 사랑하니까 곁에서 지켜봐줄 수도 있고.

사랑하니까…….

그게 사랑이라고 하는 거야.

사랑은 우리 가슴을 불타게 하거나 우리 눈을 멀게 하진 않아.

사랑은 애틋한 거야.

그 사람을 사랑한다면 그 사람을 자유롭게 봐주는 거야.

내 맘대로, 내 울타리 안에 들여놓고 내가 원하는 대로만 해야 한다면 그건 사랑이 아냐.

네가 그동안 나눴던 대화, 오히려 그게 더 소중한 사랑일 수 있다는 거야.

생각해봐.

요즘 서로 사랑한다는 커플들…….

매시간 전화하고, 언제 잠자는지, 언제 잠에서 깨는지…….

상대방이 나 말고 다른 여자 다른 남자 만나면 질투하고, 의심하고, 사랑한다는 속박으로 상대방의 인간관계를 다 막아버리잖아?

자기만 만나고, 자기만 사랑하라고 하면 어디 그게 사랑인가?

집착이고 고집이지.

내가 널 사랑하니까 넌 나만 사랑해야 해.

이 말이 그렇다는 거야.

사랑이라는 건 상대방이 잘되는 모습, 상대방이 자기 인생을 헤쳐나가는 모습을 곁에서 지켜봐주고 응원해주는 거야.

"나만 봐."

"내가 안심하게 너 일찍 들어가."

“너, 나 말고 다른 남자 만나지 마.”

“왜 전화 안 받아?”

“너, 어디 가?”

“내일은 뭐 하는데?”

이런 식의 구속, 보기 어떠니?

뭐가 더 무서워?

드러내지 않고 널 사랑하는 사람, 네가 힘들어할 것 같아서 먼저 떠나는 사람…….

이런 사람이 무서워?

아니면, 네 곁에서 너랑 만나고, 너에게 연락하고, 너랑 밥 먹고, 너랑 영화 보고, 너랑 같이 걷고, 너랑 커피 마시고, 자기만 만나라는 사람, 내일 계획을 말해달라는 사람, 결혼해달라는 사람, 같이 살자는 사람, 자기 요구에 맞춰주지 않으면 우는 사람, 화내고 짜증 내는 사람…….

누가 더 무서워?

어쩌면 사람들은 사랑이라는 가면을 쓰고 상대방을 괴롭히는 걸 수도 있어.

“내가 널 사랑하는데 어떻게 감히 내 말을 안 들어?”

뭐 이런 거?

어떠니?

그동안 너를 지켜본 사람, 너를 보호해주던 그 사람이 소중해.

그래서 사랑한다면 ‘듣기 연습’이 필요해.

네 생각, 네 마음, 네 판단도 중요하지만 그건 잠시 숨겨두고 상대의 말을 듣는 거야.

듣고 판단하고 그다음 네 마음을 보여도 되는 거야.

인터넷에서 지식검색을 해봤을 거야.

어때? 넌 네가 원하는 답을 잘 찾니?

아니지?

지식검색을 할 때를 생각해봐.

답보다는 네가 가진 질문을 먼저 찾기 시작하는 너야.

네가 궁금한 답을 먼저 찾아야 하는데, 이상하지 않니?

질문을 찾잖아?

네가 가진 질문을 먼저 찾고, 그다음엔 뭐 하니?

답을 읽지.

하지만 네가 원하는 대답이 아니면 어때?

넌 다시 질문을 찾아.

다시 말해서, 넌 이미 네가 원하는 답을 알고 있다는 의미야.

넌 네가 원하는 답을 찾기 위해 다른 사람의 동의를 구하려고 하는 거라는 말이야.

네가 만난 그 사람, 네가 찾던 사람이라고 그러는 거?

넌 너의 결정을 우리에게 말하고 네 판단이 옳았다는 걸 증명하고 싶은 거야.

네가 올바른 답을 찾았다는 칭찬을 듣고 싶은 거랑 같아.

하지만 네 판단은 항상 옳은 게 아니기 때문에 다른 사람들은 네 이야기에 귀를 기울이지 않지.

또는 네가 원하던 답과 다른 이야기를 할 수 있어.

그럼, 넌 그 사람이 너랑 다르다는 걸 느끼게 되고 그 사람과 멀어지게 될 거야.

'역시 난 이 사람과 안 맞아'라는 생각을 하게 되지.

내 말은 어떤 사람을 만나든, 어떤 일을 하든, 네 생각과 판단을 우선

시하지 말고 모든 일에 신중을 기하라는 거야.

다른 사람의 평가도 구해보라는 얘길 하고 싶어.

누구나 자기 판단을 중요하게 생각하는 건 맞지만, 판단을 내리기 전까지 신중하게 행동하라는 거지.

어떤 일을 판단할 때 미리 알아보는 조건이 많으면 많을수록 옳은 판단을 내리기 쉬워.

설령, 최종 판단이 옳지 않더라도 만족에 가까운, 덜 실망하는 판단이 된다는 거야.

속단하는 건 누구나 할 수 있지만 신중하게 생각하는 건 아무나 할 수 없으니까.

> **사랑도, 일도 성공하고 싶니?**
>
> 어떤 사람을 만나든, 어떤 일을 하든, 네 생각과 판단을 우선시하지 말고 모든 일에 신중을 기하라는 거야.
> 다른 사람의 평가도 구해보라는 얘길 하고 싶어.
> 누구나 자기 판단을 중요하게 생각하는 건 맞지만, 판단을 내리기 전까지 신중하게 행동하라는 거지.
> 어떤 일을 판단할 때 미리 알아보는 조건이 많으면 많을수록 옳은 판단을 내리기 쉬워.

"요즘 이게 대박이래!"
ㄴ 네가 가장 잘 아는 걸 해야지

이거 맛있지 않니?

마끼아또.

무슨 뜻인지는 모르겠는데 이탈리아어 같기도 하고, 스페인어 같기도 하면서 뭔가 모르게 정열적인 느낌이 있어.

그래서 마끼아또라는 게 왠지 느낌이 좋아.

정말 그렇지?

마끼아또.

나랑 너랑 생각이 같으니까 너도 즐거운 모양이구나?

마끼아또를 말하는 네 입술이 귀엽기도 히네?

달콤한 맛에 분위기마저 더 즐거워지는 것 같아.

"요즘 이게 대박이래? 진짜 대박이래!"

대박이라는 말을 들었어.

많은 사람이 좋아한다는 말도 되고, 다른 말로 요즘 인기라는 뜻도 되겠지?

돈도 많이 벌었다는 뜻도 되면서 세상에 나오기만 하면 크게 히트할 것이라는 뜻도 있잖아.

우리가 가장 많이 쓰는 말이기도 하고.

대박 많이 쓰는 말, 대박.

그런데 대박이라는 말엔 쉽게 눈치채지 못하는 곳에 '허점'이 있어.

생각해보면 먼저 누구 기준으로 대박인지 분명하지 않다는 거야.

네가 보기에 대박이라고 했다면 네 기준이 세상의 기준인지 따져봐야 하잖아?

네 기준이 세상의 기준보다 나은 게 아니라면, 네 기준에서 대박이라고 해도 다른 사람들에겐 대박이 아닐 수 있으니까.

그리고 다른 사람의 기준으로 대박이라고 하면, 넌 그게 사실인지 아닌지 다시 생각해야만 해.

사람들의 생각이 항상 옳다고 할 순 없으니까.

다시 따져보고, 생각하고, 진짜인지 아닌지 고민해야 한다는 소리야.

누구나 '대박'이라는 말을 즐겨 쓰지만 그게 정작 제대로 쓰는 건지, 아니면 분위기에 따라 무분별하게 쓰는 건지 모르겠어서 그래.

대박이라는 말에 휩쓸려서 남들이 한다고 나도 할 건 아니라고 생각해.

남들이 "이거 잘된다"고 해서 나도 따라 하면 무조건 잘되는 건 아니니까.

전에 네가 나한테 물었잖니?

제일 친한 친구와 강남 쪽에서 샐러드 노점을 하려는데 어떻게 생각하느냐고 말이야.

강남 쪽에서 길거리에 트럭 한 대 세워두고 샐러드 판매하면 잘될까 안 될까 고민된다는 네 말 듣고 나도 생각해본 적 있잖아.

네 친구는 대박이라는데 네 생각엔 아닌 것 같다고 나한테 물었지?

난 그때 아마 이런 대답을 한 걸로 기억해.

친구 말처럼 대박일 수도 있고, 네 말대로 아닐 수도 있다고 말이야.

중요한 건 네 친구가 본 것이랑 네가 본 것이랑 어느 부분이 다른지를 아는 거야.

친구의 계획과 너의 계획을 따져보는 것도 필요해.

네가 하고 싶은 일이랑 친구가 하고 싶은 일이랑 같은 건지도 고민해야 해.

네 친구는 잘되는 샐러드 장사를 봤기 때문에 대박이 될 거라고 말했을 수 있거든.

너는 강남에서 샐러드 장사를 본 적이 없기 때문에 '그게 되겠어?'라고 불안해한 거잖니?

그런데 네가 친구의 계획을 말리진 못할 거야.

왜냐하면 그 친구는 이렇게 말했거든.

"내가 샐러드 장사 대박 쳐서 네가 원하는 거 해줄게!"

넌 친구의 미래를 위해서라기보다는 친구가 해준다는 너의 목표 달성을 위해 친구에게 응원이나 격려 따위를 말해줄 게 분명해.

그게 네가 나한테 "강남에서 샐러드 노점 잘될까?"라고 물어본 이유가 된 거고…….

너는 이미 친구가 잘되길 바라는 마음이고, 그래서 그 꿈이 이뤄지길 기대하는 거야.

나한테 그걸 물어본 이유도 '도와달라'는 뜻이거나 '진짜 대박일까?'라고 확인하길 원하기 때문일 뿐이고…….

하지만 결론!

그러면 안 돼.

결론은 어떤 일을 하든 네가 가장 잘 아는 일을 해야 한다는 거야.

네가 하면서 행복을 느끼는 일을 하란 소리야.

남들 말만 듣고 네가 어떤 일을 시작하게 되면 넌 그 일을 하는 내내 불안해할 것이고 결국 실패할 확률이 커.

너는 불안한 마음에 안 되는 이유만 찾을 거고, 그 일이 안 되는 방향으로만 갈 거니까.

왜냐고?

사람은 누구나 자기 말이 옳다는 게 증명되길 원하거든.

다른 사람이 보기에 잘되는 일일지라도 일단 네가 안 되는 일이라고 생각하면 분명 이럴 거야.

친한 사람들 이야기에 휩쓸려 함께 어떤 일에 동참할 순 있을지 몰라도 그 일에 최선을 다하지는 않을 거란 말이지.

넌 여전히 안 될 거라는 불안감을 가졌으니까.

넌 그 일이 안 되는 순간을 기다렸다가 그것 보라며 자신 있게 말할 거야.

"내가 말한 대로 안 되는 일이었잖아!"

대박을 터뜨리고 싶다면?

결론은 어떤 일을 하든 네가 가장 잘 아는 일을 해야 한다는 거야.
네가 하면서 행복을 느끼는 일을 하란 소리야.
남들 말만 듣고 네가 어떤 일을 시작하게 되면 넌 그 일을 하는 내내 불안해할 것이고 결국 실패할 확률이 커.
너는 불안한 마음에 안 되는 이유만 찾을 거고, 그 일이 안 되는 방향으로만 갈 거니까.

"잘 지냈니? 다음 주에 줄 테니까 돈 좀 빌려줘."
ㄴ 뭐든지 무조건 '잘될 거야'라는 생각만 갖지는 마

우리 만난 지 얼마나 됐다고 다시 불러내니?

친구랑 온라인쇼핑몰 사업한다기에 잘 생각해보고 구체적인 계획을 세우지 않으면 힘들다고 했던 내 말에 섭섭했다고?

그렇게 섭섭했다면 미안하긴 한데, 그렇다고 해도 지금 역시 잘될 거라는 얘긴 못 하겠어.

그건 너한테도 도움이 안 되고, 나한테도 솔직하지 못한 거니까.

이건 네가 내 본심을 이해해야 해.

사람들은 너무 무책임해.

가까운 친구나 지인이 어떤 일을 한다고 하면 무조건 "잘될 거야"라고 말해주지.

하지만 냉정하게 판단하고 가끔 "하지 마", 혹은 "안 될 거야"라는 말도 해줄 줄 알아야 해.

가까우니까?

이 사람이랑 관계를 망치고 싶지 않으니까?

그냥 예의상 하는 건 더 나빠.

“잘될 거야” 했다가 안 되기라도 해봐.

누가 책임질 거야?

사람들은 그때 또 이렇게 말할 거야.

“넌 충분히 잘될 건데, 사람들이 널 속였나 보다.”

“너라면 잘될 수 있는데 조금만 더 노력해보면 어떠니?”

실제 도와줄 것도 아니면서 너 위로하기에 급급할 거야.

어떤 일을 하기 전에 응원받고 어떤 일 실패하고 나서 위로받는 게 좋다면 나도 너한테 “잘될 거야”라고 해줄게.

만약 그게 아니면? 네가 하려는 일에 대해 냉정한 판단을 원한다면?

넌 내가 하는 이야기도 네가 판단할 그 일에 관한 의견 중 하나로 가져가야 해.

그런 사람이 있어.

고향에서 멀쩡히 회사에 잘 다니며 적금도 붓고 잘 살았던 사람이었는데, 개그맨 시험을 보려고 서울에 왔대.

고향 사람들은 이렇게 말했대.

“넌 개그를 잘하니까 분명히 훌륭한 개그맨이 될 거야.”

이 사람은 ‘그래, 난 진짜 스타 개그맨이 될 수 있구나’ 하고 생각했지.

이런 기분이 최고조에 오를 무렵, 그는 서울로 가는 기차에 몸을 실은 거야.

이 사람이 서울에 와서 제일 처음 한 일이 뭔지 아니?

아르바이트였어.

당연히 그동안 모아둔 돈을 쓰면서 말이야.

그렇게 시간이 흘러서 드디어 기다리던 개그맨 시험일이 왔어.

물론 이 사람은 보기 좋게 떨어졌지.

실패였지.

이 사람은 어떤 생각을 했을까?

'난 개그맨 수준이 아니구나, 고향에 가야지'였을까?

'한 번은 누구나 실패하지. 내년에 다시 하자!'였을까?

그래, 이 사람은 다음 해에 다시 도전했어.

그리고 결과는?

또 낙방이었지.

그렇게 5년이 흘렀어.

이 사람이 포기하고 고향에 가려고 하면 사람들이 그랬대.

"넌 할 수 있어!"

"넌 될 거야. 기운 내!"

"네가 개그맨 안 하면 누가 하니? 넌 할 수 있어!"

이 사람은 이런 응원을 들어가며 오랜 세월을 견딘 거였어.

하지만 결과는 어때?

이 사람의 20대 청춘이 그냥 지나가버렸어.

이 사람은 소중한 20대 시절을 개그맨 시험을 보기 위해 다 써버린 거야.

돈도 못 모으고, 개그맨도 못 되고 말이야.

이 사람은 결국 서른 살이 넘어서야 고향으로 돌아갔어.

이 사람은 눈물을 흘리면서 이런 이야기를 했지.

"그동안 나한테 단 한 명이라도 '네가 개그를 잘하긴 하지만 개그맨까진 아니다'라고 해줬다면, 내 소중한 청춘이 그렇게 무의미하게 흘러가진 않았을 거야."

사람들은 자기가 도와줄 것도 아니면서 너무 무책임하게 말을 해버리지.

생각해준다고 하면서 오히려 망치는 말들 말이야.

그러면 안 돼.

"잘될 거야"라는 말보다 더 필요한 말은 이런 식의 직언일 거야.

"넌, 그걸 하기엔 실력이 부족해. 먼저 실력을 쌓은 뒤에 도전해봐!"

가장 가깝다고 생각하는 사람이 가장 정확한 얘기를 해줘야 해.

친구가 좋다는 건 항상 듣기 좋은 말만 해서가 아니잖아.

'잘될 거야'라고 생각하는 건 자유겠지.

하지만 막연한 추측보다는 어떤 점, 어떤 기준에 의거한 냉정한 판단이 더 필요해.

정말로 잘되고 싶다면?

"잘될 거야"라는 말보다 더 필요한 말은 이런 식의 직언일 거야.

"넌, 그걸 하기엔 실력이 부족해. 먼저 실력을 쌓은 뒤에 도전해봐!"

가장 가깝다고 생각하는 사람이 가장 정확한 얘기를 해줘야 해.

친구가 좋다는 건 항상 듣기 좋은 말만 해서가 아니잖아.

'잘될 거야'라고 생각하는 건 자유겠지.

하지만 막연한 추측보다는 어떤 점, 어떤 기준에 의거한 냉정한 판단이 더 필요해.

"이 사업만 성공하면 벤츠 끌고 다닌다."
└ 은행 이자보다 높은 안정수익이 필요해

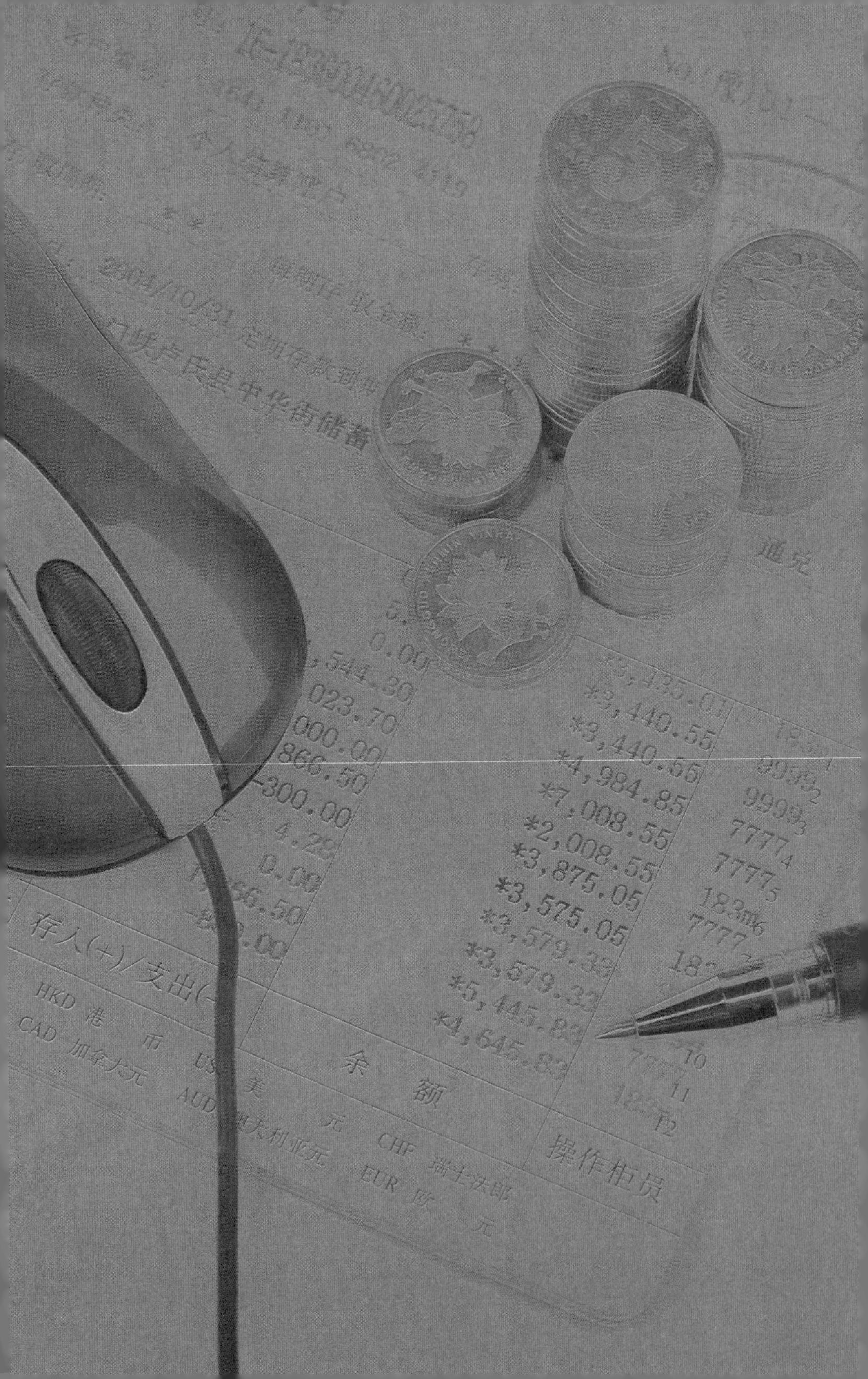
2004/10/31 定期存款到期
户友卢氏县中华街储蓄
通克
*3,435.01
*3,440.55
*4,984.85
*7,008.55
*2,008.55
*3,875.05
*3,575.05
*3,579.32
*5,445.83
*4,645.83
544.30
023.70
000.00
866.50
-300.00
4.29
0.00
66.50
存入(+)/支出(-)
余   额
操作柜员
HKD 港   币
CAD 加拿大元   USD 美   元
AUD 澳大利亚元   CHF 瑞士法郎
EUR 欧   元

이런 말?

"내가 지금은 구질구질해도 이번 일만 잘되면 차부터 바꿀 거야. 벤츠 타고 다니면서 그동안 날 우습게 여기던 사람들에게 여봐란듯이 살 거야!"

너한텐 어울리지 않아.

남들에게 과시하려고 부자가 된다는 게 도대체 무슨 말이야?

부자와 부자가 아닌 사람의 기준이 '무시'와 '자존심'이다?

그럼, 넌 부자가 되어서도 다른 사람들에게 무시당할 거야.

진짜 부자 이야기를 아니?

우리나라엔 오래전부터 부자 동네가 있지.

평창동, 성북동은 물론이고, 한남동에도 유엔빌리지라는 곳이 있어.

서울 한남동 한남 로터리에서 대사관 밀집 지역으로 향하는 길이야.

이곳엔 고급 주택이 많지.

도로에서 주택가로 접어드는 동네 초입에 경비 초소를 두고 오가는 차량들이나 사람들을 살펴보기도 해.

이곳에는 이웃들끼리 어울리는 모임이 많은데, 누가 이사를 가도 부동산에 집을 내놓지 않고 모임 내에서 해결을 해.

자기들과 어울릴 수 있는 사람을 골라서 이웃으로 받는 셈이야.

이웃들의 추천으로 이사를 올 사람이 생겨도 그 사람이 어떤 사람인지, 어떤 사업으로 부자가 되었는지 꼼꼼하게 따지는 거야.

유엔빌리지라는 동네의 캐릭터를 유지하겠다는 것과 같아.

이처럼 남들의 이목을 따지고 이웃들끼리 격을 유지하려는 부자도 있어.

물론, 세상엔 '헛부자', 졸부도 있어.

분당 정자동에 사는 어떤 사람 이야기야.

나이 마흔 살에 중국에 들어가 투기로 많은 돈을 벌었지.

그 돈으로 자녀들 대학교육은 물론, 유학까지 시켜줬지.

아들이 공부를 못해서 지방 어느 사립학교에 들어가더니 이내 필리핀 영어학교를 거쳐 미국으로 유학을 갔어.

딸도 미국으로 유학을 갔는데, 거기서 남자를 만나 결혼해서 살아.

이 사람이 성공한 부자 같아?

집으로 초대해서 가본 적이 있어.

그 넓은 아파트에 사람을 반겨주는 건 강아지 한 마리밖에 없더라.

아내는 아내대로 밖으로 나돌아.

딸과 아들은 해외에 있고 집엔 아무도 없는 거야.

나이 예순 살이 다 되어가는 이 사람은 되게 외로워하고 있어.

성공한 걸로 생각되니?

이 사람 차는 비싼 외제차, 집은 아까 말했듯 신흥부자들이 산다는 분당 정자동이야.

그 사람 곁엔 가족이 없고, 친구들만 북적거리지.

그 사람은 친구가 많아서 좋다고 하던데, 봤더니 이상한 친구들뿐이 었어.

술 먹고 당구 치고 돈 쓰기에 바쁜데 서로 친구래.

자, 그럼 너는 어떤 부자가 되고 싶니?

돈만 많다고 부자는 아냐.

네가 돈 모으면 살 거라는 벤츠라는 자동차도 그 나라에 가면 국산차야.

국민소득 2만 달러 조금 넘는 한국에서나 벤츠가 비싼 차지.

하지만 국민소득 9만 달러가 넘는 노르웨이 같은 나라에선 그냥 자동 차 중에 하나야.

우리보다 네 배가 넘게 잘사는 노르웨이 같은 나라에는 네가 보기에 부자들이 넘치지.

그런데 그 사람들 살아가는 모습 보면 지극히 평범하고 검소해.

청바지 하나에 스웨터 한 벌로 사시사철 지내는 사람들이 대부분이 거든.

다시 생각해봐. 부자만 되면 벤츠를 사서 타고 다니며 사람들에게 네 자존심 세울 거라고?

그런 부자는 안 되는 게 좋아.

그런 건 부자도 아니니까.

개같이 벌어서 정승같이 산다는 건

네 말처럼 자존심 죽여가며 돈을 모아서 벤츠 타고 여봐란듯이 사는 것과는 달라.

정승처럼 산다는 건 자존심 살리기 위해 사치스럽게 돈을 쓰는 게 아니거든.

실제로, 옛날 정승들은 돈을 함부로 쓰지 못했어.

돈을 쓸 때는 그 돈이 어디서 났는지 출처를 밝혀야 했기 때문이야.

돈이 많다고 함부로 돈을 쓸 수 있었다는 게 아니라는 소리야.

정승처럼 돈을 쓴다는 건 옛날 양반 시절에 다른 사람들을 위해 명예롭게 돈을 써야 했다는 의미로 봐야 해.

어려운 사람들을 돕고, 사람들에게 필요한 걸 만드는 데 돈을 쓰는 거야.

돈을 힘들게 벌어서 나중에 자유롭게 막 쓰라는 게 아니라는 뜻이지.

그만큼 힘들게 번 돈을 다른 사람을 위해서 잘 써야 한다는 거야.

그럼, 어렵게 번 돈, 어떻게 관리하는 게 옳은 걸까?

돈이 많다고 막 쓰다 보면 어느새 돈은 사라지지.

아무리 많은 돈이라도 일순간에 사라질 수 있는 거야.

그래서 제대로 관리하는 게 중요해.

너한테 추천하는 돈관리 노하우는 안정수익을 지키라는 거야.

사람들은 일반적으로 돈이 모이면 투자할 곳을 찾아.

은행에 저금하면서 은행 이자를 기대하는 사람도 있긴 해.

하지만 대다수는 채권이나 주식, 부동산 등에 돈을 투자해서 수익을 내려 하지.

내 생각엔, 즉시 현금화할 수 있는 현금저축도 해두면서 미래 가치수익을 늘려주는 부동산에 투자를 해야 해.

그리고 단기간에 이자를 얻을 수 있는 채권이나 금융 상품에 투자하라고 말하고 싶어.

생각해볼래?

연간 물가상승률이 5퍼센트라고 하면 은행 이자가 2~3퍼센트대라고 해도 오히려 마이너스 수익률이 되는 셈이야.

1년에 물가는 5퍼센트 오르는데 은행 이자는 2~3퍼센트만 오르는 셈이니까, 은행에 저축해둔 돈은 결국 묶인 돈이 되는 거라서 '손해 보는 셈'인 거지.

그래서 은행엔 당장 필요한 곳에 사용할 수 있는 현금을 넣어두고 단기적으로, 장기적으로 수익을 늘릴 수 있는 투자에 나서야 하는 거야.

투자를 할 때는 항상 수익률보다는 안정성에 중점을 둬야 해.

까딱하다가 원금까지 날리는 투자가 많으니 조심해야 한다는 소리야.

이익률이 높은 투자 상품은 그만큼 원금 손실이 강하고, 이익률이 낮으면 원금이 보장되는 상품이 많은 셈이지.

그러니까 앞으로 재테크를 할 때는 가진 돈의 30퍼센트 범위 내에서 하도록 해.

10만 원을 가진 사람이 3만 원을 잃어도 7만 원이 남아 있으면 다시 뭘 해도 하거든.

하지만 그 이상 잃으면 다시 시작하기가 어렵고 부담되게 마련이야.

부자가 되고 싶다면?

투자를 할 때는 항상 수익률보다는 안정성에 중점을 둬야 해.

앞으로 재테크를 할 때는 가진 돈의 30퍼센트 범위 내에서 하도록 해.

10만 원을 가진 사람이 3만 원을 잃어도 7만 원이 남아 있으면 다시 뭘 해도 하거든.

하지만 그 이상 잃으면 다시 시작하기가 어렵고 부담되게 마련이야.

"좋은 꿈 꿨어. 복권 사야지."
└ 진짜 부자는 로또를 파는 사람이야

되는 일도 없는데 그나마 일주일의 행복을 얻기 위해 복권을 산다고?

너 미쳤니? 진짜 바보구나?

복권을 사는 사람은 모두 1등에 당첨되는 꿈을 갖지.

하지만 실제 1등이 되는 건 한 명이거나 극소수 몇 명에 지나지 않아.

나머진 모두 1등을 위해 자기 돈을 내놓는 사람인 거 몰라서 그래?

복권이 뭐니?

사람들이 사는 돈을 모아서 정부에서 필요한 사업에 쓰는 거잖아.

나머지 돈은 1등부터 등수를 나눠서 정해둔 비율로 나눠주는 거잖아?

물론, 나라에서 필요한 사업을 하는 데 국민으로서 참여하는 건 좋은 일이야.

하지만 확률이 낮은 일에 돈을 쓴다는 건 바보들이나 하는 짓이야.

이런 부자 이야기 아니?

세계에서 돈을 많이 벌기로 유명한 이 사람은 운동이라고는 골프만 할 뿐 나머지 시간엔 주식시장을 보거나 기업경영에 전념한대.

참, 골프는 우리나라에서나 비싼 취미 활동으로 여기지, 서구에서는 생활스포츠처럼 저렴한 운동이야.

하루는 그 부자가 거래처 대표와 골프를 치러 갔대.

그 부자는 재계에서 알아주는 골프 실력자였지.

마침 그날도 실력 발휘를 해서 거래처 대표랑 골프 라운딩을 하는 내내 이기기만 했다는 거야.

그래서 거래처 대표가 부자에게 한 가지 제안을 했대.

"단 한 번 쳐서 공을 저기 눈에 보이는 홀에 넣으면 1억 원을 주겠습니다. 만약 못 넣으면 제게 천 원만 주는 겁니다. 어떻습니까?"

이 제안을 네가 받으면 어떨 것 같니?

'그래, 까짓 기분이니까 해보자!' 혹은 '오늘 잘만 하면 단숨에 1억 원 벌겠다!' 이럴까?

'천 원은 뭐 지하철 차비보다도 적은, 있으나 마나 한 돈인데 상관없어!' 이럴까?

하지만 부자는 거래처 대표의 제안을 단박에 거절했다는 거야.

부자는 기회를 노리거나 행운을 바라지 않았다는 의미야.

너와 그 부자의 차이라고 할까?

그러니까 네 행운을 그깟 종이 한 장에 걸지 마.

그것도 정해진 상금이 아니잖니.

다른 사람들 주머니에서 나온 돈을 모아서 갖는 거잖아?

네가 피땀 흘린 대가로 받는 돈도 아니고 말이야.

세상에 그렇게 허무한 돈이 어디 있니? 안 그래?

세상에서 가장 소중하고 가치 있는 돈은 네가 노력해서 받는 돈이잖아.

노력해서 받는 돈이야말로 그 의미가 큰 거잖니.

세상의 부자들 이야기 하나 더 해볼까?

이런 이야기도 있어.

미국의 모 대학 경제학과 교수가 실험했던 이야기야.

당시 미국의 부자들 목록을 골라서 엽서를 보냈대.

우편엽서를 보내는 곳은 미국의 한 지방도시 우체국으로 했지.

엽서 내용은 이랬어.

'귀하에게 전달해야 할 소액환이 발견되어 연락드립니다. 전달해야 할 금액은 70센트약 7,000원입니다.'

단, 금액이 적으니 계좌송금은 안 되고 반드시 우체국으로 와서 수령해야 한다는 조건을 붙였지.

모월 모일까지 와서 받아야 한다고 기한도 정해두고 말이야.

어떻게 됐는지 아니?

엽서를 받은 부자 대부분이 앞다투어 그 돈을 직접 받으러 왔다는 거야.

물론, 일부러 비싼 비행기 요금 내고 온 게 아니라 업무 차 지나가는 중에 그 우체국을 직접 방문해서 돈을 받아 갔대.

이 모습을 보고 놀란 교수는 다시 편지를 썼대.

앞서 전달한 금액이 착오로 부족하게 전달되어 50센트가 추가 지급될 것이니 다시 방문해달라고 했지.

그 결과는?

그래, 앞서 돈을 받아갔던 그 부자 대부분이 다시 와서 돈을 받아갔대.

넌 이 이야기 듣고 어때?

맞아! 부자들은 작은 돈을 아끼는 사람들이야.

절대로 헛된 돈을 안 써서 부자가 된 사람들이라는 소리야.

남을 속이고 사기를 쳐서 남의 돈을 빼앗는 사람들이 아니라는 뜻이야.

헛된 욕심을 부리지도 않고, 행운을 바라면서 함부로 투자하지도 않는 사람들이었어.

부자들, 그것도 세계의 경제를 주무르는 큰 부호들의 공통된 특징이야.

작은 돈을 아끼는 게 큰돈을 모으는 출발점이라는 걸 아는 사람들이지.

너도 이제 행운을 바라고 돈을 쓰는 대신 작은 돈을 아끼는 습관을 가져봐.

작은 돈을 아끼기 시작하면 큰돈도 아끼게 되거든.

아끼는 습관은 인색하다는 게 아니고, 제대로 돈을 쓰는 법을 안다는 거니까.

너도 곧 복권 1등 상금보다 더 많은 돈을 가진 큰 부자가 될 거라고 확신해.

부자들의 공통점은?

부자들은 작은 돈을 아끼는 사람들이야.

절대로 헛된 돈을 안 써서 부자가 된 사람들이라는 소리야.

남을 속이고 사기를 쳐서 남의 돈을 빼앗는 사람들이 아니라는 뜻이야.

헛된 욕심을 부리지도 않고, 행운을 바라면서 함부로 투자하지도 않는 사람들이었어.

"내일부터 열심히 일하고, 자! 오늘은 내가 한턱 쏠게!"
└ 사업을 성공한 후에 파티를 하는 여자

돈을 벌려고 일하겠다는 사람이 왜 돈부터 쓰려고 하니?

그러지 마.

파티는 성공한 다음에 해도 늦지 않아.

일 시작한다고 벌써부터 기분 내겠다고?

그 일이 잘 진행되면 몰라도 어려운 순간들이 닥치면 그때도 기분 내면서 그만둘 거야?

어쩌려고 그래?

네가 어떤 일을 한다고 해서 사람들이 모두 기다렸다는 듯이 너를 돕는 건 아냐.

오히려 너랑 경쟁하려 하고 너보다 잘하려고 하는 사람들뿐이라는 말이야.

너한테 해주고 싶은 이야기가 있어.

내가 만났던 어떤 회사의 대표 이야기야.

그는 현재 재산이 1천억 원이 넘어.

그 사람이 무슨 말을 했는지 아니?

지금껏 고생만 하다가 이제야 밥 먹고살게 된 정도라고 해.

자기가 얼마를 가졌고 어떤 회사를 운영하는지 절대 말 안 하지.

그리고 이런 사람도 있었어.

하루는 글쎄, 나한테 점심 산다고 하면서 자기가 맛집을 알아뒀다는 거야.

그래서 모처럼 나도 옷을 제대로 차려입고 그날 약속 시간에 맞춰 갔지.

그런데 그 사람이 자기 책상 옆에 전단지를 들면서 메뉴를 고르라는 거야.

다른 사람들에게 알려주지 않는 곳인데, 나를 위해 특별히 주문을 하는 거라고 해서 봤지.

그 사람이 주문한 메뉴가 뭔지 아니?

짬짜면, 가격은 5,000원!

아무렇지도 않게 메뉴를 주문하더니 나한테 전단지를 건네더라.

그 순간만큼은 나도 황당하고 살짝 짜증이 났어.

기껏 점심 식사 대접한다고 초대해놓고 배달음식을 시켜주다니…….

이게 무슨 심보인가, 화도 난 게 사실이었지.

근데, 난 그때 그 사람이 내게 알려주려는 의도를 발견했어.

그 사람이 그러는 거야.

"이 집에서 5,000원으로 짬뽕과 짜장면을 동시에 먹을 수 있다는 건 아무도 몰라. 양도 많고, 맛도 좋은데 말이지."

이러는 거 있지?

한마디 더 붙여, 나를 보며 진지하게 얘기하더라.

배달한 그 음식의 맛을 보면 알 거래.

넌 이 이야기 듣고 어떤 생각이 드니?

지독하게 짠돌이?

상대를 무시하는 사람?

아니야, 이 사람은 자기투자 철학을 나한테 알려준 고마운 분이야.

같은 돈을 쓰더라도 수익은 반드시 두 배 이상이 되어야 한다는 점을 말하는 거였어.

1,000원을 쓰면 1,000원 이상으로 불려줄 사업만 한다는 뜻이야.

손해를 볼 사업은 절대 하지 않는다는 의미였어.

어떤 사업 제안을 하더라도 자기가 보면 될 사업인지 안 되는 사업인지 파악할 수 있다는 의미였어.

그 사람은 대학 다닐 때부터 아르바이트나 직장생활을 해본 적이 없었대.

오로지 투자를 통해서만 돈을 불렸고, 여전히 그렇게 살아가는 사람이야.

이 사람 재산?

3천억 원 징도라고 하디라고.

은행에서 고액 자산가에게만 대접하는 VVIP 혜택을 다 누리는 사람이기도 하지.

이 사람은 은행장이 보내는 각종 초대권이나 선물, 이런 건 관심도 안 두지.

오로지 이자를 몇 퍼센트 주는지를 중요하게 여기는 사람이었어.

돈을 은행에 넣어두는 조건으로 자기에게 돌아오는 선물이 중요한 게 아니었어.

그 돈이 은행에서 얼마로 불어날 것인지, 예금 조건과 금리를 따져보는 사람이었지.

그게 돈을 모으고 큰 부자가 된 방법이었어.

어때?

너라면 아마 나한테 맛 좋은 점심 식사를 성대하게 대접했을 거야.

물론, 네 돈을 써서 말이야.

하지만 그건 부자들의 스타일이 아니야.

한번은 이 사람의 돈관리법을 재확인하게 된 계기가 있었어.

지인에게 어떤 일을 부탁하면서 하는 얘기를 들었거든.

그 당시 정부의 어떤 사업에 참여하는데, 신청서가 완벽한지 봐달라는 부탁이었어.

사업 신청이 잘 마무리되고 정부에서 사업자로 결정이 되면 점심 식사를 하자고 하더라.

난 옆에서 웃었지.

그 사람도 보나마나 ‘짬짜면 한 그릇 얻어먹겠구나’ 하면서 말야.

하지만 더 중요한 돈관리법을 순간적으로 깨달았던 기회였어.

일을 시작하기 전에는 절대로 돈을 쓰지 않는다는 것!

일이 마무리되기 전에는 결코 돈을 쓰지 않는다는 것!

일이 반드시 성공한 후에야 같이 일한 사람에게 대접한다는 것!

이런 것들이지.

응?

짬짜면 맛은 진짜 좋았냐고?

글쎄, 내가 보기에 그 맛이 그 맛이었어.

하지만 나도 오기가 생겨서 그날 짬짜면 곱빼기를 먹었지.
그 부자가 놀라더라.
내가 짬짜면 곱빼기를 시킬 줄은 몰랐나 봐.
그날 그 사람은 속이 좀 쓰렸을 거야.
평소 자기가 쓰던 것보다 돈을 더 지출해야 했으니까 말이야.

성공의 첫걸음은?

일을 시작하기 전에는 절대로 돈을 쓰지 않는다는 것!
일이 마무리되기 전에는 결코 돈을 쓰지 않는다는 것!
일이 반드시 성공한 후에야 같이 일한 사람에게 대접한다는 것!

"내가 누군데? 이 정도는 하고 다녀야지!"
ㄴ 여자의 메이크업은 꿈에서 시작해

예쁘다.

오늘 화장 잘 받았네?

피부도 정말 좋고, 뭐 요즘 좋은 일 있는 거 아냐?

여자의 생명은 '관리'라더니 진짜 관리 시작했구나?

하긴 넌 특별히 관리를 하지 않아도 예쁘니까 좋겠지만 말이야.

근데, 막상 여자가 어디 외출하려면 진짜 준비해야 할 것도 많고 힘든 거 같아, 그치?

외출할 때는 사람들 눈 신경 쓰며 메이크업을 해야 하잖아.

유행에 따라 옷을 입어야 하는데 이것저것 아무거나 입기엔 사람들 눈치 보이고, 그치?

심지어 스타일에 따라 헤어스타일도 맞춰야 하고 염색까지 하는 일도 있잖아.

여자들이 이렇게 신경 쓰며 살아간다는 걸 남자들은 알까?

같은 여자들이라면 알아주겠지만 남자들은 아마 대부분 모를 거야.

맞아. 백화점을 가더라도 옷을 차려입고 가야지.

그쪽 사람들한테 무시당하지 않아야 하니까.

왜, 거기 판매직원들 말이야.

옷 편하게 입고 가면, 알게 모르게 위아래로 눈치주면서 은근히 무시하잖아.

그래서 편하게 쇼핑 다니고 싶어도 판매원들 눈치 보느라 옷을 더 차려입고 가야 하지.

내가 이 정도 사람이다, 알아서 대접해라 식으로 허세 아닌 허세를 부려야 한다니깐!

맞아, 맞아.

그래서인지 요즘 사람들 인터넷에서 쇼핑을 하는 일이 많지.

백화점에 가려면 옷도 차려입어야 하고 화장도 해야 하니, 정말이지 불편해.

인터넷쇼핑은 아무 옷이나 걸쳐도 되는데 말이야.

백화점 사람들이 소비자들의 그런 마음을 알아주면 손님이 더 많이 몰릴 텐데…….

어쩔 수 없는 건지, 모르는 건지……. 대체 왜 교육을 안 시키는 건지 모르겠어, 그치?

판매직원들 그 싸늘한 눈초리만이라도 좀 교육시킬 순 없을까?

손님 스타일 신경 쓰지 말고 상품 설명이나 서비스에 더 집중하라고 하면 얼마나 좋아?

근데, 그건 뭐 자연스러운 트렌드 같은 거 아닐까 하는 생각도 들어.

쇼핑이라는 거 자체가 사람들의 허영심을 부추기면서 시작된 비즈니스일지도 모르지.

나라마다 약간씩 다른 모양새를 갖기도 하지만 완전히 다른 건 아닌 것 같아.

한국이나 중국, 일본에서도 겉모습이 중요한 경우가 있잖아.

처음 만난 사람들 앞에서 예의를 갖추거나 할 때 옷을 차려입는다든가 하는 거.

참, 그전에 중국에 다녀온 사람에게 들은 이야기야.

중국에 출장을 갔는데 주차장에서 주차비를 받는 노인이 있더래.

허름한 옷차림이라서 진짜 불쌍한 노인인 줄 알았대.

그런데 나중에 알고 보니까 그 지역 땅과 건물 대다수가 그 노인 소유였다는 거야.

그 주차장 건물도 말이지.

그 노인의 한 달 임대수익만 우리나라 돈으로 1억 원이 넘는다는 거야.

만약 그 노인이 우리나라 사람이었다면 우선 차부터 비싼 걸로 샀을 거야, 그치?

주차비 받는 건 직원 써서 받게 하고, 자기는 좋은 옷 입고 놀러 다니지 않았을까?

부동산투자를 넘어 투기 비슷한 것도 했을지 모르지.

부동산 정보 알려고 여기저기 기웃거리면서 땅 사두고 건물 사서 팔고 그랬을 거야.

그러려면 또 겉모습으로도 돈이 많은 사람처럼 하고 다녀야 하니까 치장했을 테고.

생각만 해도 그런 생활 얼마나 피곤할까? 안 그래?

여자도 크게 다르진 않지?

성형수술 제일 많이 하는 나라가 한국이라는 이야기도 있잖아.

정말 요즘 유행하는 말로 '의느님'이라든가 '의란성 쌍둥이'라고 해서 의사가 만든 똑같은 얼굴을 가진 사람들이 넘쳐나잖아.

여자들 예뻐지려는 욕망은 본능이라고 이해해주려 해도 정도가 너무 심하면 그건 좀 아닌 것 같아.

혹시 성형수술을 무슨 메이크업으로 착각하는 거 아닐까?

엄마, 아빠 얼굴은 다른데, 자기 얼굴만 연예인 누구를 닮아봐.

그거 나중에 뭐라고 할 거야?

자녀가 태어나서 엄마 사진 보는데, 학창 시절 때랑 엄마가 다른 거지.

어느 순간 엄마가 스무 살 넘어서 변했던 거야.

엄마 얼굴이 엄마가 아닌 것이지.

아이는 아이대로 엄마 안 닮았다고 우울해하면 어떻게 해?

물론, 우스갯소리라고 할 수 있지만 말이야.

하느님이 인간을 창조하신 것에 비유해서 의사가 만든 여자라는 소리도 그거잖아?

'의느님' 말이야. 의사 하느님, 응?

사실 알고 보면 여자의 메이크업은 여자의 꿈에서 시작되는 거야.

다른 여자보다 예뻐지고 싶은 경쟁심이라기보다는 스스로 예뻐지려는 마음이라고 봐야겠지.

성형에 관심 없던 여자도 나중에 마음이 바뀔 수 있잖아.

가령, 여자가 좋아하는 남자가 나타났다고 쳐.

근데 그 남자가 좋아하는 스타일을 말한다면 그 여자 마음이 어떻겠어?

정말 돈 들여서 성형수술이라도 해서 남자 마음에 들고 싶지 않겠어?

여자들은 또 감수성이 한창 예민한 사춘기 시절에 책 많이 보잖아.

연애소설도 보고 말이야.

사랑이라는 감정에 대해 막연한 상상도 해보면서 자기가 만날 운명적인 남자에 대한 그림도 그려보잖아?

근데, 어때?

우리나라 여성들이 사춘기 시절에 읽는 이야기가 대부분 외국 소설이야.

잠자는 숲속의 공주부터 신데렐라, 백설공주, 왕자와 거지 등등…….

읽고 상상하고 그려보는 게 외국 여자들이니까 어떻겠어?

코도 높아야 하고, 피부도 백옥이어야 하는 거지.

동화 속 공주는 예쁘고, 금발이고, 파란 눈을 가졌지.

하지만 거울에 비치는 자기 얼굴은 동양인 피부에 눈도 작고 얼굴도 동글동글하다면?

여자의 꿈속 모습과 다른 게 되거든.

어떻게 보면 여자의 꿈은 현실의 불만이라는 소리야.

현실 속에서 불만인 사람은 현재보다 나은 미래를 꿈꾸잖아. 그거랑 같은 거지.

현재에 만족한 사람들은 미래에 대한 꿈이 그렇게 크지 않아.

현재를 잘 관리하고 꾸준히 유지하는 게 일생의 목표가 되거든.

아름답고 환상적인 미래를 꿈꾼다면, 그건 현재의 모습이 불만족이라는 거야.

불만이 많으니까 꿈이 더욱 화려해지는 거지.

내 말은 이거야.

여자도 현재의 모습에 충실하고 자기 자신을 사랑하기 위해 노력한다면, 성형수술 같은 무모한 시도는 하지 않을 거 같아.

현재의 모습도 충분히 아름다운데, 억지로 수술을 할 이유가 없는 거지.

사실, 그런 생각도 들거든.

이대로 한 10년만 지나보면 성형수술하지 않은 여자들이 더 예쁘다고 인정받는 그런 사회가 될 거라는 생각!

거리에 온통 수술한 여자들만 넘쳐난다고 생각해봐.

남자들이나 여자들이나 수술하지 않은 여자를 더 예쁘게 보는 시선을 갖게 되는 거지.

현재에 만족하는 것!

그리고 외면보다 내면을 가꾸기에 노력하는 것!

그렇게 하면 그 여자는 기초화장만 해도 빛이 날 거야, 안 그래?

행복의 첫걸음은?

여자도 현재의 모습에 충실하고 자기 자신을 사랑하기 위해 노력한다면, 성형수술 같은 무모한 시도는 하지 않을 거 같아.

현재의 모습도 충분히 아름다운데, 억지로 수술을 할 이유가 없는 거지.

현재에 만족하는 것!

그리고 외면보다 내면을 가꾸기에 노력하는 것!

그렇게 하면 그 여자는 기초화장만 해도 빛이 날 거야, 안 그래?

"푼돈 갖고 뭐 하게? 야, 택시 타고 가자."
└ 작은 돈부터 모으는 습관이 중요해

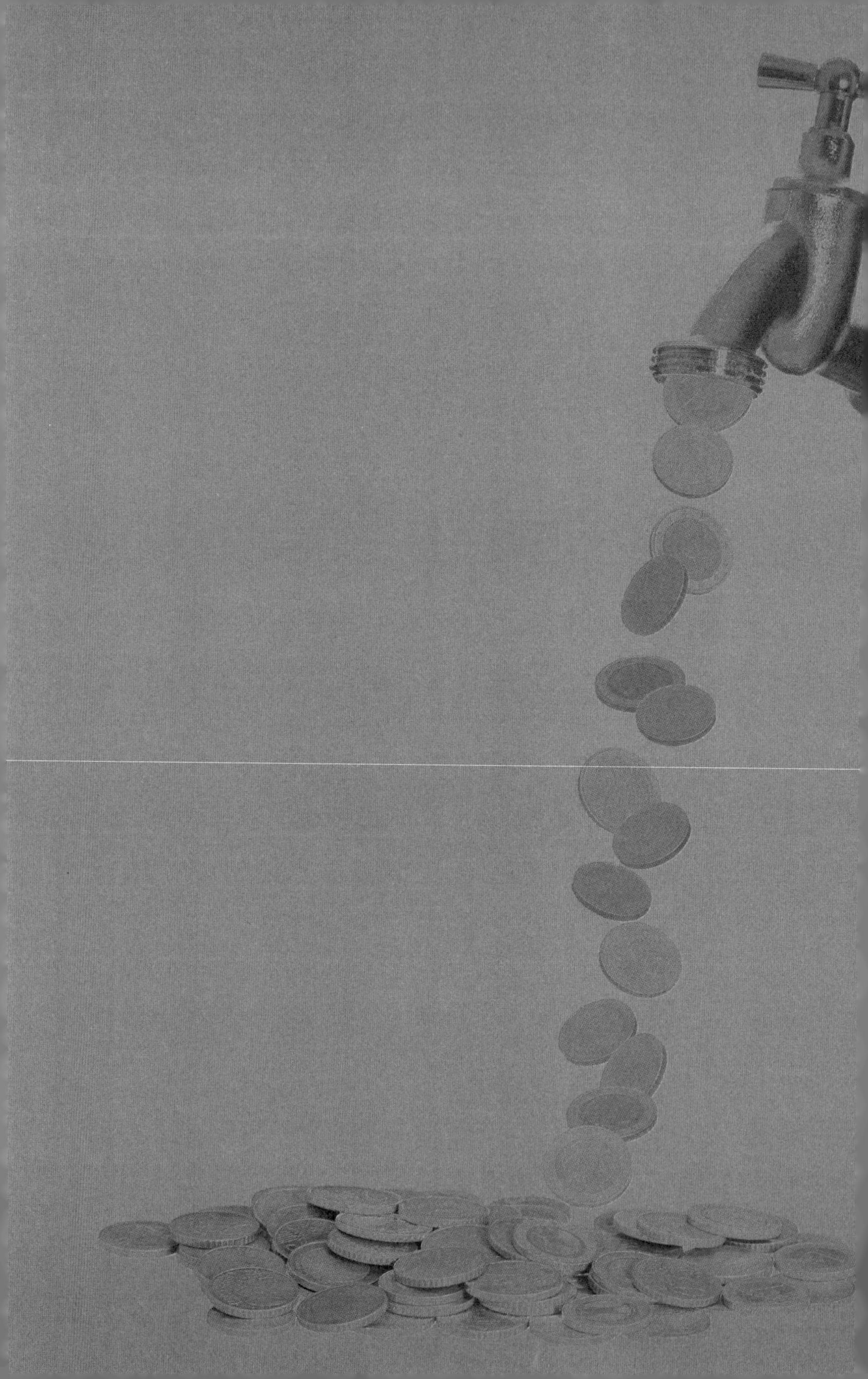

푼돈?

푼돈이 어디 있어?

돈은 다 소중한 거야.

너 가끔 보면 지하철이나 버스를 타지 않더라?

바쁘지도 않은데 너 편하자고 택시를 자주 이용하는 거 있잖아.

물론 비가 오거나 눈이 내릴 때, 약속 시간이 임박할 때 택시를 탈 수도 있지.

하지만 급하지도 않고 날씨도 좋은데 조금 귀찮다 싶으면 택시를 타는 건 뭔데?

너 또 얼마 모아놓지도 않은 돈, 길에 뿌리면서 택시비로 다 날릴 거야?

작은 돈이 얼마나 소중한데, 그 돈이 모여서 큰돈 되는 거 알잖아?

주머니에 1,000원, 2,000원 있다고 막 써버리면 절대로 5,000원도 못 모으는 거라고!

그뿐이니?

가깝다고 기본요금 내고 택시 타면, 그럼 먼 거리는 뭐 타고 갈 건데?

택시를 무조건 이용하지 말라는 얘기가 아니야.

상황에 맞게, 경제적으로 알맞은 교통수단을 이용하라는 거야.

9시 강의인데, 지하철역에서 학교까지 택시 타고 가는 여자애들 많더라.

차라리 조금 일찍 나와서 걸어가면 될 텐데…….

꼭 시간 못 맞추고 늦게 나와서 강의 시간 임박해서 택시 타고 가는 건 뭔지 모르겠어.

어떤 여자는 다리 아프다고, 귀찮으니까, 또 '하이힐' 신었다고 택시 타더라?

그러면 안 돼!

들어봐, 내가 작은 돈의 힘을 알려줄게.

매달 5만 원만 투자해도 40년 후에 2천억 부자가 되는 방법이야.

뭐? 거짓말하지 말라고?

글쎄, 들어보고 나서 거짓말인지 아닌지 판단해봐.

가난한 사람은 더 가난해지고 부자만 더 잘살게 되는 그런 세상이 아냐.

가난한 사람은 왜 가난한지 생활 습관을 살펴보고 고쳐야 할 건 고쳐야 해.

부자들은 돈을 안 써서 부자가 된 거야.

가난한 사람들은 이깟 돈은 써도 되는 거라면서 돈을 함부로 쓰는 경향이 있어.

내가 가난한 이유가 다른 사람들이 나쁘기 때문이라는 이상한 논리도 서슴지 않지.

이젠 제대로 돈을 불리는 방법을 알아두고 실천해보면 좋겠어.

돈이란 절대로 크기를 따질 수 없어.

다 같은 돈인데 크고 작고가 말이 안 되거든.

"그거 얼마나 된다고 그래? 까짓 그 정도 돈은 쓰면서 살아야지, 쩨쩨하게!"

이런 말?

너의 5년 후, 10년 후를 결정짓는 중요한 말이야.

넌 어렸을 때 부모님에게 돈에 대해 어떤 교육을 받았니?

공부만 잘하면 된다는 거 아니었을까?

'여자들은 예쁘면 된다'고만 배운 건 아닐까?

부모님이 만드신 울타리 안에서 보호받고, 먹을 거, 입을 거 부족함 없이 받으면 나중에 그 아이들이 어른이 돼서 할 줄 아는 게 거의 없을 거야.

부자 부모들은 자기 아이들에게 어려서부터 돈의 가치를 가르치고, 직접 대가를 지불하고 돈 버는 방법을 알려주거든.

무조건 돈을 주면서 아이들의 미래를 망치진 않아.

"어른이 되어 경제적으로 넉넉하게 살려면 좋은 직장, 좋은 직업을 가져야 하고, 그래시 공부를 열심히 해시 좋은 회사에 취직을 해야 된단다."

이런 가르침은 부모들의 정형화된 강박관념이라고 봐야 해.

부모들이 생각하는 '아이의 미래를 망치는 법'이라는 진짜 웃긴 촌극이지.

그나마 글로벌 경기침체가 오면서 부모들의 생각도 바뀌기 시작한 게 다행이야.

부모 세대들이 20대 나이 때에 '공부=경제력=수입'이라고 생각했었는데, 그게 내 뜻대로, 계획대로 되는 게 아니라는 점을 깨닫게 된 거거든.

한국으로 돌아오는 외국물 먹은 석박사가 급증해도 이들을 받아줄 회사가 부족하지.

국내 취업이 어려워진 이 사람들이 다시 외국으로 나가 취업하자니 그것도 주저해.

외국이라고 형편이 나은 것도 아니라는, 두려운 현실을 알았다는 이유가 가장 크다고 봐야지.

네가 택시를 탈 때 기본요금 2,500원이라고 하면 한 달에 열 번만 타도 25,000원이야.

한 달에 20번 타면 50,000원이지?

근데, 매번 기본요금 거리만 타는 건 아니잖니.

한 달 택시비를 50,000원이라고 해서 알려줄게.

이 안에 커피 한 잔 값 5,000원을 포함해도 되겠어.

그래, 한 달에 커피 비용과 택시비를 합쳐서 네가 쓰는 돈이 50,000원이라고 해보자.

그럼, 이 돈 50,000원을 매월 펀드 상품에 투자해볼까?

수익률 30퍼센트를 목표로 하고, 월 복리 계산으로 첫 달 50,000원을 넣는 거야.

연 30퍼센트 수익률일 경우, 월 2.5퍼센트 수익인 셈인데, 첫 달에 넣은 50,000원을 40년 후에 찾는 것으로 계산해볼까?

원금×(1+R)n 수식에 의해서 ₩50,000×(1+0.025)480 = 70억 2천만 원이 된다는 거 알아?

같은 방식으로 또 해보자.

두 번째 달에 넣은 50,000원은 ₩50,000×(1+0.025)479로 계산해서

40회를 더해볼까?

맨 마지막 달에 넣는 50,000원은 ₩50,000×(1+0.025)1이 되겠지.

이 금액에서 수수료를 빼면 올해 20세인 네가 40년 후 60세가 될 즈음엔 어림계산으로 해도 현금자산 2천억 원이 넘는 거부가 된다는 거야.

푼돈이라고 생각한 한 달 50,000원이 그렇게 변할 수 있어.

그 푼돈을 제대로 된 금융 상품에 투자해서 40년이라는 시간만 흐르면 엄청난 부자가 된다는 사실이 놀랍지 않아?

허황된 복권을 한 달에 50,000원어치 사는 것보다 그 돈을 금융 상품에 투자하는 게 부자가 되는 더 나은 길이야.

푼돈으로 부자 되는 법!

50,000원을 매월 펀드 상품에 투자해볼까?

수익률 30퍼센트를 목표로 하고, 월 복리 계산으로 첫 달 50,000원을 넣는 거야.

연 30퍼센트 수익률일 경우, 월 2.5퍼센트 수익인 셈인데, 첫 달에 넣은 50,000원을 40년 후에 찾는 것으로 계산해볼까?

원금×(1+R)n 수식에 의해서 ₩50,000×(1+0.025)480 = 70억 2천만 원이 된다는 거 알아?

"내가 아는데, 그렇게 하면 안 돼!"
└ 항상 모른다고 생각하고 배워보자

너 말하는 거 들어보면 뭐든지 다 안다고 하더라?

이것도 알고, 저것도 알고, 뭐든지 네가 다 안다고 하는데…….

실제 네가 하는 거 보면 대충 아는 게 많아.

그건 아는 게 아냐.

이런 이야기가 있어.

영어 한 단어를 완전히 내 것으로 만들려면 그 단어를 최소한 만 번은 써야 한대.

올림픽에 출전하는 선수들처럼 여섯 살에 시작해서 스무 살에 금메달 따는 것처럼 한 분야에서 전문가가 되려면 최소한 15년은 해야 하지.

넌 15년은 고사하고, 3년도 채 안 해본 일들이 많잖아?

그래, 네 기분도 이해는 하는데 그래도 앞으로 "내가 아는데"라는 말은 줄여봐.

다른 사람들이 네 말 듣고 기대했다가 나중에 네 실력을 알게 되면 얼마나 실망하겠어?

좋은 사람들이랑 인맥을 쌓을 기회가 왔는데 네 말 때문에 그들과 사이가 멀어질 수 있잖아.

내 생각은 그래.

사회에서 어떤 일에 대해 잘 안다는 것보다 최선을 다한다는 게 더 좋다는 거 말이야.

잘하는 사람보다 최선을 다하는 사람한테 더 신뢰를 느낄 수 있잖아.

잘하는 사람들은 자기 실력만 믿고 도전했다가 한두 번 성공하더라도 세 번째에 실패할 확률이 커.

네가 만약 "내가 아는데"라고 했다면, 너는 열 번을 다 잘해야 기본인 사람이 되거든.

왜냐고?

네가 잘한다고 했으니까.

사람들은 무조건 잘되리라 기대하면서 백 번도 잘하고, 천 번도 잘해낼 사람이라고 믿는 거야.

근데, 단 한 번이라도 실패하거나 그들의 기대에 충족하지 못하면 어떻게 되겠니?

그 순간 넌 사람들에게 미움을 받게 되거나 실망을 안겨주게 되는 거야.

사람들이 네 곁에 남으려고 하지 않겠지.

넌 최선을 다했지만 네 뜻대로 되지 않았을 뿐인데 사람들은 널 거짓말쟁이로 생각해버릴 거야.

사람들이랑 얘기할 때는 어떤 분야에 대해서 "내가 아는데"라고 하지 말고 "나도 최선을 다해볼게요"라고 하는 게 좋겠어.

'YES, I DO WELL'이 아니라 'YES, I TRY'를 하자는 거야.

물론 사람들은 상대방의 요구나 어떤 사업에 대해서 "못 한다"는 말을 하기 어려워해.

"못 한다"고 하는 건 왠지 자기가 뒤떨어진다는 의미 같기도 하니까.

또 자꾸 못 한다고만 하면 자기가 할 일이 없어질까 봐 걱정하는 거거든.

그래서 무조건 일단은 '예스'라고 말하는 사람들이 대부분인 거야.

예스맨.

사람들이 일반적으로 생각하는 의미는 '시키는 대로 하는 사람'이라는 의미잖아.

직장에서 상사가 시키면 시키는 대로 복종하는 사람이라는 거야.

누구나 살다 보면 '예스' 혹은 '노'를 결정해야 할 순간이 오지.

문제는 '노'를 잘 못 하고 무조건 '예스'를 말해버리는 사람들이 많다는 거야.

그전에 알고 지내던 일본인 남학생이 있어.

교류 프로그램으로 한국에 온 그의 이름은 '다나카'였어.

한국에 온 첫날부터 모든 행사를 영어로 진행해야 하는 행사 성격상 영어를 못 하는 사람은 원칙적으로 초대가 불가능했지.

다른 참가자들의 이야기를 듣고 미소를 짓는 다나카를 보고 사람들은 다나카가 영어를 잘한다고 생각했던 거야.

바로 이 남자가 '예스맨'이었던 거지.

이를테면, 이런 거야

다른 사람 이야기를 듣다가 상대방이 어떤 질문을 하면 다나카의 대답은 무조건 '예스'였어.

"식사 더 할래?"

"예스."

"물 더 줄까?"

"예스."

"이거 해볼래?"

"예스."

다나카는 그 행사에서 비영어권 참가자들에겐 인기 만점짜리 참가자였어.

영어권 국가에서 온 참가자들보단 상대적으로 영어 콤플렉스를 가졌던 이들이 다나카에게 친숙한 느낌을 가졌던 거야.

예스만 연발하던 영어 못하던 사람이 최고의 인기남이 돼버린 사건이지.

그럼, 다른 경우에도 예스맨이 항상 인기를 얻게 되는 걸까?

너 혹시 그 영화 기억해?

깐깐한 은행직원의 이야기를 담아 표현한 영화가 있었는데, 대출을 신청하러 온 사람들에게 항상 '노'라고 말하는 인물이 주인공이야.

실제 생활도 항상 부정적이고, 회사에서 일도 '노'로 일관하는 인물이었지.

시종일관 '노'만 말하는 이 사람에게 도움을 주려고 친구들이 만든 모임도 있었지. 그나마 좋은 친구들을 둔 덕분에 말이지.

물론, 이 사람은 모임 제안도 여전히 '노'라고 말하면서 혼자 있기를 좋아하는 게 문제였어.

그러다가 이 사람의 생활에 반전이 생기는데, 심리 프로그램에 참여한 그는 앞으로 모든 상황에서 '예스'만 말하겠다는 서약을 하게 되거든.

그 이후로 이 사람에게 벌어지는 일들을 다룬 영화였어.

그는 은행에 와서 대출을 신청하는 사람들에게도 무조건 예스만 말하게 되지.

2개월간 대출 횟수가 무려 560건이 넘어서지.

대부분 소액이었지만 다른 사람들의 평균 대출 건보다 10배 이상 많게 되지.

대출 건을 의심한 은행 측에서 이 사람의 업무 내용을 심사했는데 공교롭게도 이 사람 대출이 우량 건이었다는 거야.

결국 이 사람은 '예스'만 한 덕분에 임원으로 승진해.

물론, '노'라고 말하는 사람에게 '예스'를 말하라는 이 영화는 어느 순간에 이르러서는 '언제나 예스'라고 하는 것도 안 좋다고 반성하게 만들어.

세상이 온갖 거짓으로, 위선으로 쌓여 있기 때문에 '예스'라고 하면서 세상 속으로 동화되려고 해도 오해를 산다는 게 그 이유야.

세상에서 가장 솔직해야 하는 주제는 바로 '사랑'이라고 말하는 영화인데, 사랑조차 거짓으로 위장한다면 세상은 희망이 없다는 메시지를 전달한다고나 할까?

내가 실제 겪어본 '예스맨'과 영화 속 '예스맨' 이야기를 너한테 해주는 이유는 이거야.

너처럼 "내가 아는데"라고 하는 말엔 책임이 따른다는 거지.

좋은 점도 있지만 오히려 다른 사람들에게 불필요한 오해를 사게 만들거든.

그렇게 네 의도와는 다른 상황을 만들 수도 있다는 걸 알려주고 싶은 거야.

"다 안다"보다 "나도 관심 있어" 정도가 좋지 않을까?

세상에 다 안다고 할 수 있는 일은 없으니까.

"나도 좋아하는 일이야"라거나 "나도 해볼게"라고 하면서 배우는 자세를 갖는다면 좋겠어.

　사람들은 그런 네 모습을 보고 너한테 하나라도 더 가르쳐주고 싶어 할 거야.
　자신들과 같은 관심사를 지닌 너를 보면서 너랑 친하게 지내고 싶어 할 거고.

나 자신을 알면 성공이 보인다

“다 안다” 보다 “나도 관심 있어” 정도가 좋지 않을까?
세상에 다 안다고 할 수 있는 일은 없으니까.
“나도 좋아하는 일이야” 라거나 “나도 해볼게” 라고 하면서 배우는 자세를 갖는다면 좋겠어.
사람들은 그런 네 모습을 보고 너한테 하나라도 더 가르쳐주고 싶어 할 거야.
자신들과 같은 관심사를 지닌 너를 보면서 너랑 친하게 지내고 싶어 할 거고.

“나랑 그 사람 친해. 내 말이면 다 돼!”
ㄴ그 남자를 자신이 바꿀 수 있다고 믿는 여자

그 오빠?

내가 말하면 그 오빠는 무조건 다 들어줄 거야.

내가 해볼게.

바다 가기로 했는데 짐이 너무 많아서 차를 빌려줄 사람을 찾던 중이었지.

이왕이면 운전까지 해줄 사람이면 좋겠다고 하던 나한테 네가 그랬잖아.

친한 오빠 있는데 내가 말하면 다 들어주니까 믿어보라고……

네 말이면 다 들어준다며 자신 있게 말하는 널 보며 조금 불안하긴 했어.

시간이 지날수록 여자는 남자를 다 안다고 생각하지만, 사실 남자는 여자를 전혀 모른다고 생각하거든.

그래서 남자는 자기 여자가 되기 전까진 무엇이든 다 해주지만, 자기 여자가 아니라고 생각하면 실제 다가오는 일이 극히 드물지.

여자도 남자에 대해서 착각하고, 남자도 여자에 대해 착각하는 게 많으니까.

어쨌든 렌터카 빌려서 바다에 다녀온 건 좋은 추억이었어.

근데, 오늘 아침 일간지 기사 중 눈에 띄는 게 있어서 갑자기 그날 생각이 났어.

'디지털 무언족'이라고 들어봤니?

스마트폰이나 태블릿PC 같은 디지털 기기로 대화하면서 살다 보니 하루에 말할 시간이 점점 줄어든다는 거야.

물론, 남자랑 약간 다르게 여자는 문자메시지도 대화에 포함한다더라.

남자는 하루에 2,500단어, 여자는 그보다 세 배 정도 많은 6,000단어 가량이 필요하대.

'필요하다'는 게 뭐냐 하면, 그만큼 많은 단어를 사용해야 심리적 안정감을 갖는다는 의미야.

여자는 여자 친구랑 이야기할 때와 남자 친구랑 이야기할 때가 다르잖아?

부부싸움을 할 때도 여자의 이야기를 들어주는 남자가 이긴다는 말이 있잖아?

무조건 여자의 말을 들어주는 남자는 지는 게 아니라더라.

반대로 여자와 맞붙어서 말싸움을 하겠다는 남자는 당연히 백전백패래.

남자들이 "여자랑 말로 싸우는데, 여자가 말을 더 이상 못 하더라"고 하는 거 있지?

그건 남자가 이겼다고 생각하면 안 되는 거지.

그 여자는 속으로 계속 싸우고 있거든.

너도 공감하지?

여자는 화날 때 말을 많이 하지만 이건 여자 자신이 화를 풀기 위한 방식일 뿐이야.

여자가 상대방과 계속 싸우고자 하는 것이 아니라는 걸 아는 남자가 거의 없다는 게 문제지.

여자의 화가 풀릴 때까지 계속 들어주는 남자가 나중에 대우받는다는 것도 모르고 말이야.

그래서 여자의 말은 여자의 성공에 도움이 될 수도, 해가 될 수도 있대.

통계상 하루에 6,000단어를 말한다는 여자, 많이 말하면서도 말하는 기술을 아는 여자는 드물다고 해.

그동안 말테크의 중요성을 모르고 지내온 지난 시간이 아깝기도 해.

여자의 말테크가 중요한 시대라고 하잖아.

말테크에 능숙한 사람이 활동을 많이 하고, 말테크가 강한 사람이 인정받는 시대 말이야.

하긴, 여자들 중에도 말 많은 여자라고 놀림 당하기 싫어서 애써 참고 있는 여자들이 있긴 있어.

여자 친구들끼리 하고 싶은 이야기를 남자나 다른 사람에게 비밀로 하는 것도 있고…….

하지만 이제부턴 해선 안 되는 말은 삼가고, 꼭 필요한 말, 해야 할 말만 하는 게 좋겠어.

너, 그 오빠랑 잘 지내지?

그때 차 안 빌려줘서 이제 연락 안 한다고?

그럼 안 돼.

다시 연락하고 지내봐.

그전까진 네 말도 잘 들어주고 너한테 잘해주던 남자였다면서?

네 부탁을 그 사람이 들어주지 못한 무슨 사연이 있겠지, 안 그래?

말테크 얘기나 더 해달라고?

그래.

어느 모임에서건 유머가 있고 좌중을 휘어잡는 화술의 소유자는 리더로 대접받아.

물론 말테크가 중요한 시대지만, 단순히 화려한 언변으로 상황에 따라 말이 달라져서는 안 돼.

'진실'이 담긴 말 한마디가 화려한 수식어로 포장된 열 번의 거짓보다 훨씬 값어치 있다는 걸 알아야 하지.

근데, 여자의 성공을 부르는 말테크란 어떤 걸까?

사람들과의 만남에서 유려한 언변으로 모임의 중요한 사람이 되는 그런 말테크 기술을 늘리는 방법을 알면 좋겠지?

말테크라는 게 뭐 사실 어렵기만한 건 아냐.

말이라는 게 입에서 나오는 것만 의미하는 게 아니라 말하는 동작, 표정 같은 걸 다 포함하거든.

그래서 여자들에게 환영받는 인기녀가 되는 것도 말테크에서 시작한다고 봐야지.

가령, 상대방하고 나만 있는 두 명의 대화에서는 상대의 코에 시선을 고정하고 상대의 이야기를 들으며 간혹 상대방과 시선을 마주쳐주는 게 좋아.

두 사람 사이의 대화는 주변 분위기와 소음의 유무에 따라서 대화 내용 전달이 달라.

상대의 코에 시선을 두는 것은 상대방에 대한 존경의 표시야.

상대는 자기와 시선을 마주치지 않으면 자기에게 관심이 없다고 생각하니까 이따금 시선을 마주쳐야 하는 거야.

세 명 이상 여러 사람과 대화하는 자리에선 가장 나이가 많은 어른과 대화를 하도록 해봐.

가장 손윗사람과 대화를 나누면 네 이야기가 어느 순간 모든 사람에게 전달되거든.

다수가 모인 자리에서는 대화의 리더가 손윗사람이 되는 경우가 많아.

그렇기 때문에 가장 짧은 시간에 가장 효과적인 대화를 하려면 이 방법을 택하는 게 답이지.

내 이야기가 손윗사람을 통해서 전체에게 전달되는 걸 볼 수 있을 거야.

남자와 여자가 섞인 자리에서는 되도록 가장 끝자리에 앉은 사람과 대화 연결고리를 만들어봐.

모임에 온 사람들은 가까운 자리에 있는 사람들과 대화를 나누게 마련이잖아?

이 방법으로는 여럿이 모인 자리가 의미 없을 수 있거든.

오랜 시간 대화를 나눈다고 해도 옆자리 몇몇에게만 인사를 트고 대화를 나누게 되지.

그러면 여럿이 모인 의미가 정말 없어지는 거야.

이럴 때는 네게서 가장 멀리 떨어진 사람에게 곡사포 대화를 날려보는 게 좋아.

골프를 치듯 대화를 던져서 상대방이 받고 다시 돌아오게 하는 거지.

그러면 그 곡사포 곡선 아래에 있는 사람들 모두가 네게 집중할 거야.

또 네가 주위 사람들을 배려한다는 인상을 갖게 될 거야.

말은 타이밍이야!

시기적절하게 하라는 소리지.

적절히 '거절'을 해보는 베팅전략도 네가 원하는 성공의 효과를 극대화할 수 있어.

어설픈 성공이 눈앞에 아른아른 다가와서 얼른 잡으라고 해도 거절할 줄 아는, 속도 조절의 노하우를 알아야 한다는 거지.

어리석은 여자는 이런 손길을 구분 못하고 자기한테 달콤하게 보이는 제안마다 덥석덥석 물어버리지.

이런 실수 때문에 가십 란을 장식하는 안 좋은 기삿거리들의 주인공이 되기도 해.

달콤한 독사과에 속아 쓰러진 백설공주가 되지 않으려면 어떻게 해야겠니?

당연히 사탕발림에 넘어가는 실수를 저지르는 여자가 되어선 안 되는 거야.

너도 알잖아?

몸에 좋은 건 타고난 모양새가 예쁜 게 별로 없어.

고구마나 감자 같은 거 몸에 좋지만 예쁘다고 하진 않는 것처럼 말이야.

성공을 부르는 말테크란?

말은 타이밍이야!

시기적절하게 하라는 소리지.

적절히 '거절'을 해보는 베팅전략도 네가 원하는 성공의 효과를 극대화할 수 있어.

어설픈 성공이 눈앞에 아른아른 다가와서 얼른 잡으라고 해도 거절할 줄 아는, 속도 조절의 노하우를 알아야 한다는 거지.

"뭐가 잘못된 거지? 내가 실수할 리가 없는데."
└ 그냥 집에 혼자 있고 싶은 날

나 몸이 아파.

나 그날이야.

오늘 완전 추레해서 나가기 그래.

나 머리도 안 감았어, 그냥 집에 있을래.

여자들은 진짜 감정의 영향을 많이 받는 거 같아, 그치?

사실, 외출 한 번 하려고 해도 옷 골라야지, 메이크업도 해야지, 핸드백 뭐 들까 고민해야지, 챙길 게 많잖아.

그러다 보니 그냥 아무 이유 없이 집에서 나 혼자 있고 싶을 때가 있거든.

남자들은 이해하기 어려운 걸 수도 있는데 여자들은 좀 그렇지.

이거저거 다 귀찮고 잠만 자고 싶을 때도 있어.

심지어 외국 여행을 갔을 때도 여행 다니며 구경하는 것보다 호텔에서 편안하게 잠만 자는 게 더 좋을 수도 있거든.

물론, 모든 여자가 뭘 하기를 귀찮아하고 그러는 건 아니지.

한번 준비하려면 빠삭하게 해야 하고 다른 여자들보다 더 예쁘게 보이기 위해 준비를 철저히 하는 사람들이 많지.

사실, 여자들은 모든 상황에 대처하는 방법을 준비해두는 완벽한 여자이길 바라는 성향이 있어.

가령, 친구를 만날 때도 애는 어떤 애, 재는 어떤 애라고 구분 지어서 각각의 친구들을 만날 때 상대의 기호에 맞춰 배려해주려고 하거든.

애는 시끄러운 데를 싫어하는 아이니까 조용한 커피숍에서 봐야지 하거나, 재는 클럽을 좋아하고 활동적인 애니까 거기에 맞춰서 옷도 입어야지, 하는 거야.

여자들은 누굴 만나든 각 상황에 맞춰 어떻게 행동해야겠다는 준비를 하거든.

모든 걸 완벽하게 잘하고 싶은 마음 때문인데, 그래서 오히려 여자들 스스로 힘들어할 때가 생기곤 하지. 그치?

'내가 이런 여자가 아닌데 내가 왜 그랬지?' 하는 것도 있잖아.

'어떻게 내가 그런 실수를 했지? 전부터 준비했던 건데' 하며 당황하는 여자도 있어.

여자는 남자를 만날 때도 어떻게 행동해서 어떤 이미지를 줘야겠다는 나름의 전략을 가지고 준비를 하지.

여자라서 불편하다고?

아냐, 여자니까 즐기는 생활이기도 해.

맞아, 네 말처럼 여자들도 짜증나고 사람들 다 싫고 혼자 있고 싶을 때가 있어.

혼자서 잘 논다고, 혼자서도 할 일 많다고 당당히 말하는 여자들도 많아.

커피숍에 홀로 앉아 분위기 즐기면서 평소 읽고 싶었던 책도 읽고 공부도 하는 여자 있잖아.

할 일이 없어서 그렇게 있는 게 아니고 혼자 하고 싶었던 일을 그렇게 하는 중인 거야.

물론, 여자들도 힘들 때가 있긴 하잖아, 그치?

내 인생만 너무 안 풀린다고 생각될 때!

나 혼자 충분히 할 수 있다고 생각될 때!

세상에서 나만 '운'이 없다고 생각될 때!

뭐 그럴 때 진짜 울적해지고 그 상황을 어떻게 이겨낼까 고민하기 시작하거든.

다른 사람에게 조언을 구하고, 남자들처럼 술 마시며 기운 내고 스트레스 풀 수도 있어.

하지만 여자들은 그렇게 잘 안 해.

혼자서 해결하려고 하지.

해리포터 소설로 세계적인 부자가 된 조앤 롤링이라는 작가 있지?

1965년생인데, 영국의 어느 대학 불문과를 졸업한 후에 비서직을 거쳐서 영어교사를 했는데, 도대체 제대로 풀리지 않는 인생이었다는 거야.

그래서 카페에 앉아 창밖을 바라보며 무작정 글을 쓰기 시작했대.

어마어마한 분량으로 초고를 완성했을 때, 8만 단어에 이르는 원고를 복사할 돈이 없어서 누군가에게 얻은 구식 타자기로 직접 두 번 타이핑했다고 하지.

자기 글을 보낼 두 곳의 출판사 에이전시가 있어서 그랬대.

그런데 두 곳 가운데 한 곳은 원고 접수 담당 직원이 순전히 자기 안목으로 "이게 뭔 스팸메일 같은 쓰레기야?"라며 읽지도 않고 쓰레기통에 넣었대.

다른 한 곳은 어떤 원고든 정성스럽게 읽어보고 의견을 첨부해서 다시 답장을 주고는 했는데, 조앤 롤링의 원고도 마찬가지였대.

그때 조앤 롤링과 연결된 에이전트가 바로 '크리스토퍼 리틀'이었어.

크리스토퍼 리틀이 지적하고 의견을 내는 방향대로 원고가 수차례 다듬어졌다고 해.

성공은 움직이는 자에게 기회를 주는 건가 봐, 그치?

이런 식으로, 가난한 조앤 롤링의 집 벽엔 해리포터 시리즈의 인맥 구조도가 그려졌지.

너덜너덜해진 아이디어 메모지가 나부꼈을 정도였대.

시간이 꽤 흐른 후에야 조앤 롤링의 에이전트는 완성된 원고를 들고 '블룸즈버리 출판사'로 연결해줬대.

당시엔 겨우 1,500파운드당시 약 200만 원를 받고 계약을 맺는 데 성공했어.

이때가 1996년이고 조앤 롤링의 나이 32세였대.

그런데 아무것도 없던 아이 딸린 이혼녀 조앤 롤링은 달라졌지.

2009년 기준 10억 달러, 우리 돈으로 1조 3천억 원 이상 소유한 세계 부자 여성에 이름을 올렸으니까.

조앤 롤링은 특별하니까?

아니야.

조앤 롤링 스스로 자기 삶을 존중해서 그래.

절대로 좌절하지 않고 끝없이 움직였으니까.

세상에 널린 수많은 기회 중에서 하나를 만난 거지.

어때?

왜 너한테 이 이야기를 하는지 알지?

너 요즘 집에만 머물고, 누가 만나자고 하면 아프다고 핑계 대잖아?

인생이 안 풀리고 꼬인다고 생각해서 그런 거 같은데 그러지 마.

일이 안 풀리고 힘들 때일수록 자꾸 사람을 만나고 계속 기회를 만들어야 해.

'이건 내 인생이 아닐지 모른다', '내겐 전혀 다른 뛰어난 재능이 숨어 있을지 모른다'고 생각하고 기회를 갖도록 스스로 자꾸 노력해야지.

너 스스로 응원하고 격려하고 말이야.

누구나 그런 착각을 하지만 나 혼자의 능력으로 성공하고 싶다는, 그런 착각은 하지 말아야 해.

그럼, 이미 사람이기를 포기한 자세에 지나지 않아.

사람은 누나, 언니, 오빠들이 동생들을 이끌어주는 구조에서 살아가거든.

경쟁이라는 건 어떻게 보면 같은 또래들이 성적표 갖고 따지는 점수 게임하고 같아.

문제는 사회에서의 성공은 점수로 결정되는 게 아니라는 점이야.

그 대신 누나, 오빠, 언니들은 동생들에게 길을 열어주고 아껴준다는 걸 알아야 해.

힘들고 좌절하는 사람 중엔 혼자 해결하려는 성향의 사람이 많아.

정말 그게 가능할까?

이순신 장군이 혼자서 왜군들을 무찔렀겠니?

아니잖아.

명나라 군사들도 도와주러 왔었고, 자기 부하들도 있었기에 가능했던 일이야.

홀로 해결할 수 있는 것은 건강할 때 화장실에서 혼자 일을 보는 것뿐이야.

건강하지 못하면 사람은 가장 기본적인 똥오줌조차 남에게 의지해야하지.

그럼, 조앤 롤링은 특수한 '운'을 갖고 태어난 사람이라서 가능했을까?

내게는 그런 운이 안 올까?

천만에!

만약 조앤 롤링이 자기 원고를 에이전트에 보내는 수고를 하지 않았다면 어땠을까?

조앤 롤링이 자기 원고를 들고 출판사에 들락거리며 검토해달라고 했다면 그 시간은 엄청 긴 세월이었을 게 분명해!

그나마 운이 좋아서 어떤 출판사에서 조앤 롤링 초기 원고를 수정해달라고 했더라도, 만약 조앤 롤링이 "어찌 감히, 작품도 모르는 것들이!" 하며 고집피우며 거절했다면?

오늘의 조앤 롤링도 없었을 게 분명하겠지?

어느 분야에 있든지 네가 하는 행동에 따라 너의 인생이 결정된다는 걸 알아야 해.

너의 현재가 불만족스럽다면?

이미 넌 네 고집 때문에 수많은 행운을 놓쳤을 수 있어.

뭐, 너를 더 기운 빠지게 하려고 한 이야기가 아니라는 거 알지?

이 이야기를 하는 이유는 지금 이 순간부터 너한테 다가올 행운을 신중하게 검토해보라는 뜻이야.

자주 화분을 옮겨 심는 나무는 뿌리를 깊이 튼튼하게 내리지 못한다고 하잖아?

캐나다 전나무는 비옥한 토지 덕에 보통 키가 20미터 이상 자란다고 해.

뿌리는 2미터가 채 되지 않아서 태풍 한 번만 불면 바로바로 넘어간다고 하지.

반면, 사이판 고산지대에 있는 나무는 1년 365일 24시간 내내 강풍에 시달리기 때문에 자라봤자 2미터를 넘지 못한대.

그런데 바위산 틈으로 내린 뿌리가 20미터도 넘는다는 거야.

수명도 보통 1,000년이 넘는 나무가 수두룩하고 말이야.

어떻게 생각하니?

지금 네 환경은 너를 더욱 강하게 만들어줄 절호의 기회가 될 거야.

네가 어디에 머물지는 너 스스로 선택해야 하는 거야.

제2의 조앤 롤링을 꿈꾼다면?

어느 분야에 있든지 네가 하는 행동에 따라 너의 인생이 결정된다는 걸 알아야 해.

너의 현재가 불만족스럽다면?

이미 넌 네 고집 때문에 수많은 행운을 놓쳤을 수 있어.

뭐, 너를 더 기운 빠지게 하려고 한 이야기가 아니라는 거 알지?

이 이야기를 하는 이유는 지금 이 순간부터 너한테 다가올 행운을 신중하게 검토해보라는 뜻이야.

OPEN
15day.
에이미의
아이스티

"50퍼센트 세일이라고? 두 개만 사도 하나는 공짜네?"
ㄴ 여자는 현실에서 시작한다

애! 이거 봐! 싸다!

응? 뭐가?

한 개에 6,000원인데, 두 개에 10,000원인 것도 있어.

이건 한 개에 10,000원인데, 이건 특별히 세일해서 두 개에 10,000원 이래.

눈이 휘둥그레진 네가 날 보면서 다급히 말한 거…….

한 개 가격에 두 개를 준다는 건 다른 말로 하면 각각 한 개를 50퍼센트씩 세일한다는 거잖아?

한 개를 50퍼센드 세일한다고 하면 사람들은 아마 '세일하는구나'라고만 생각할 텐데, 두 개를 한 개 값에 준다고 하면 '싸다'는 인식을 하게 되긴 해.

그 업체가 뭘 돈이 많아서 이렇게 싸게 주는지 고마운 기분까지 들 거야, 그치?

그런데 그런 식으로 우리가 속아서 쇼핑하는 게 많아.

우리가 무슨 원숭이니?

아침에 바나나 세 개, 저녁에 네 개 준다고 하면 화내고, 아침에 네 개 주고 저녁에 세 개 준다고 하면 그걸 좋다고 하는 원숭이 말이야.

응? 뭐, 차이야 있지.

왜, 배고픈 원숭이들은 아침에 많이 줘야 좋고 저녁엔 다이어트해야 하는데 세 개 주니까 많이 안 먹어도 돼서 좋은 거.

그래.

아침하고 저녁에 몇 개씩 준다는 게 사실 알고 보면 꼭 나쁜 건 아냐, 그치?

하지만 사람 헷갈리게 해서, 잘해주는 것처럼 눈속임해서 돈 받아가는 건 아니라고 봐.

짜증 나!

그 옷 새로 샀어?

예쁘다.

얼마야? 비싸겠다.

싸다고?

아냐, 네가 입어서 그런지 정말 비싸고 좋은 옷 같은데?

옷 가격?

맞아, 파는 곳마다 옷 가격이 다 다르지?

우리가 보기엔 그게 그거 같은데, 파는 사람들은 안 그런가 봐.

원단도 다르고, 바느질이 다르고, 이게 좋네, 저게 좋네 하면서 비싸게만 팔 궁리를 하는지…….

그런데 백화점이랑 아웃렛은 왜 그렇게 값 차이가 나는지 모르겠어.

아웃렛 가서 옷 사면 어째 좀 아닌 거 같고, 백화점 가서 사야 옷 산 거 같고…….

분위기 때문일까?

아냐.

옷 가격이 다른 건 파는 데마다 수수료가 달라서 그래.

사실, 판매 방법에 따른 옷 가격의 차이를 아는 소비자는 많지 않지.

매장에 들러 옷 가격을 무조건 깎으려는 소비자가 있는 반면에 한 푼이라도 더 받으려는 판매자들이 있어서 둘 사이엔 언쟁도 오가잖아?

옷 가격을 정하는 중요한 요인은 바로 원가야.

일정 규모 이상의 의류 업체에서는 생산 담당 부서를 따로 두고 원가 관리를 하고 있을 만큼 상당히 중요한 부분으로 취급되거든.

그 이유?

의류 업체 입장에선 다른 업체와 경쟁할 때 원가를 싸게 만드는 게 더 유리하거든.

의류 제품 가격에 영향을 주는 부분이 바로 인건비야.

대형 의류 업체는 인건비가 싼 동남아 등지로 생산 기지를 바꾸기도 해.

요즘엔 동남아시아 국가들도 인건비가 상승되는 추세라서 생산 업체들은 인건비에서 그다지 재미를 보지는 못하는 상황이고…….

중요한 건 제품을 백화점이나 의류 할인점에서 팔지, 아니면 대리점을 통해서만 판매할지 정해서 판매 가격을 정한다는 거야.

판매 경로에 따라서 몇 배에 팔지가 정해지거든.

흔히 몇 배 남는 장사를 한다는 말이 있어.

10,000원에 생산해서 20,000원에 팔았다고 했을 때 사람들은 2배 장

사를 했다고 하는 것처럼 25,000원에 팔았다고 하면 2.5배 장사를 한 셈이잖아.

근데, 옷은 여러 가지 조건을 더 생각해야 해.

예를 들어, 바지 한 장을 10,000원에 생산했다고 했을 때 해외 의류상한테 수출할 경우는 생산 원가의 1.3배, 즉 13,000원을 수출 가격으로 책정하지.

지방 소매상인에게 판매할 경우에는 반품되는 조건으로 1.6배수 정도로 팔아.

16,000원에 판매가 되는 거지.

이때 반품 조건이 없다면, 바지 가격은 14,000원 정도에서 책정하기도 해.

단, 알아둘 것은 이 경우 모두 의류 제조 업체가 직접 판매할 경우에 한정해서야.

백화점이나 할인점 같은 쇼핑몰에 입점해서 판매할 경우엔 또 달라져.

판매할 곳이 수수료 매장인가, 아니면 임대 매장인가 하는 경우를 따져야 하지.

수수료 매장이란 판매되는 매출에 대해서만 수수료를 받는 매장을 말해.

그만큼 제품 단가는 높아지는 단점이 있어.

의류 업체 입장에선 제품 가격에 운영 업체에 줄 수수료와 매장 운영을 하는 직원 월급을 제품 가격에 포함시켜야 하기 때문이야.

일반적인 경우 수수료는 25퍼센트 선인데, 소비자 가격은 제품 원가에 2.5배수로 책정해.

소비자가 사는 가격은 25,000원이 되는 셈이지.

25퍼센트 수수료를 내는 매장에서 소비자에게 10,000원짜리 바지 한 장을 25,000원에 팔 경우, 수수료는 6,250원이고 판매자는 18,750원이 남는 거야.

그럼 판매자는 얼마를 가질까?

원가 10,000원을 빼면 8,750원을 갖는데, 부가세와 경비를 제하면 남는 돈은 대략 5,000~6,000원 선이야.

25,000원짜리 바지 한 장 팔면서 5,000원 남는 거라고 봐야 하지.

어때?

쇼핑몰 수수료에 비해 비슷한 수준이거나 적은 돈을 갖는 셈이지?

임대 매장일 경우엔 훨씬 높은 4.5배 정도의 가격이 되어야 해.

백화점 수수료가 37퍼센트 이상인 곳도 등장하는 상황이지.

정상 판매를 할 경우 10,000원에 팔았으면 판매자에게 남는 돈은 6,300원뿐이야.

그래서 임대숍을 운영하는 업체들은 의류 대리점 등의 프랜차이즈 사업까지 겸하고 다양한 유통을 하는 의류 업체인 경우가 대다수가 될 수밖에 없어.

의류 업체는 백화점에 지불해야 할 높은 월 임대료까지 제품 가격에 포함시켜야 하지.

그래서 당연히 10,000원짜리 바지를 45,000원에 팔아야 하는 거야.

물론, 백화점이라고 해서 대리점 판매 제품과 가격을 다르게 책정할 수 없어.

때문에 대리점이나 백화점이나 같은 가격을 고집하기도 하지만 말이야.

그럼, 얼마나 남는 거냐고?

백화점 수수료 37퍼센트를 냈다면, 45,000원에 팔고 판매자가 번 돈은 28,350원 정도지.

이 돈에서 원가 빼고, 판매사원 경비 빼고, 옷 출고나 입고에 드는 비용 빼면 10,000원 안팎이 남아.

그런데 생각해보면 백화점이 판매자보다 돈을 더 버는 조건이야.

의류 업체는 왜 백화점에 들어가려고 하냐고?

그건 브랜드 인지도 때문인 경우가 많아.

백화점에 매장을 갖고 있어야만 브랜드로 인정받는다는 관점 때문이기도 하고…….

참, 너도 알지?

모든 옷이 다 팔리진 않잖아? 그래서 세일을 하는 거고…….

의류 업체들이 제품을 판매하다가 남는 재고 물량은 백화점에서 정기적으로 세일 행사를 해.

소비자 가격의 20~30퍼센트 가격에 제품을 판매하는 거지.

의류 업체 입장에서는 45,000원 가격에서 30퍼센트 할인 가격에 제품을 판다고 해도 10,000원짜리 바지가 33,000원 정도에 판매가 되므로 3.3배수의 마진율을 보는 셈이야.

물론 백화점에 줘야 할 수수료랑 직원 월급을 포함하고, 회사를 운영해야 할 비용까지 추가된 금액이니 많다고 할 수는 없지.

이런 백화점 행사에서도 안 팔린 제품은 판촉 행사에 투입되기도 해.

가격이 50퍼센트 또는 70퍼센트 세일이라는 걸 앞세우며 대대적인 판매를 하는 거야.

45,000원이던 바지를 70퍼센트 세일 가격에 판매하면, 약 14,000원에

파는 셈이지.

의류 업체는 오히려 수출가보다도 좋은 마진을 보는 셈이기도 하고…….

여기까지 오는 동안 물량 판매가 대부분 이뤄지지만 그래도 남는 물량이 있거든.

바로 여기서 중간 '땡처리업자'들이 개입하게 돼.

그 제품들이 신상품이었을 때 기준으로 원단 가격만 받고 넘기는 거야.

시장이나 어떤 상점에서 말도 안 되는 가격으로 파는 옷을 본 적 있지?

바로 그거야.

땡처리 업체에서도 안 팔린 제품은 옷의 무게를 달아 킬로그램 단위로 1,000원 또는 2,000원이라는 가격에 처분하는 거야.

이때, 브랜드 의류라면 옷에 달린 라벨이나 상표를 모두 제거하고 판매를 하지.

응? 그럼 내가 사는 옷 가격이 제대로 판매하는 건지 아닌지 어떻게 아냐고?

마음에 드는 옷을 제값 주고 사는 요령이 있어.

첫째, 옷의 라벨이나 택TAG이 제대로 부착되었는지 봐야 해.

판매 가격 위에 행사 가격 스티커가 붙은 것은 아닌지 살펴보고 택이 없는 것도 많으니까 주의해야지.

정상 제품이라면 택은 무조건 붙어 있어야 해.

둘째, 세탁 라벨이나 상표 라벨이 정상인지 살펴봐야 해.

라벨을 매단 실과 옷에 있는 실의 색이 같은지 확인해보면 좋아.

셋째, 원산지 라벨이 중요해.

중국산 옷을 가져와서 원산지를 속여 라벨만 바꾸는 경우도 있어.

심지어 중국에서 원산지 라벨을 손쉽게 뗄 수 있도록 부착해서 한국으로 들여오기도 해.

한국에서 중국산 라벨을 떼고 한국산 라벨로 바꾸는 거지.

넷째, 옷의 원단 품질을 보고, 단추 같은 여러 부자재 품질도 신경 써서 봐야 해.

고급은 만져보기만 해도 부드럽고 좋다는 걸 알잖아?

표면이 까칠하거나 상태가 고르지 못하면 옷 가격을 다시 봐야 하는 거 잊지 말고…….

똑똑한 소비자가 되려면?

마음에 드는 옷을 제값 주고 사는 요령이 있어.

첫째, 옷의 라벨이나 택TAG이 제대로 부착되었는지 봐야 해.

둘째, 세탁 라벨이나 상표 라벨이 정상인지 살펴봐야 해.

셋째, 원산지 라벨이 중요해.

넷째, 옷의 원단 품질을 보고, 단추 같은 여러 부자재 품질도 신경 써서 봐야 해.

"다 너 때문이야!"
ㄴ 친구는 실패도 나눈다

내가 하지 말자고 했는데, 다 너 때문이야.

네가 하자고 계속 우겨서 나도 네 말 믿고 한 건데, 결과가 이게 뭐야?

내 말대로 됐잖아.

이거 네 말 듣고 한 거니까 다 네가 책임져.

네가 하자고 한 거니까 다 네가 책임져.

얘, 그게 무슨 말이니?

이번 일도 같이한 거고, 너도 내 의견에 동의한 거니까 너도 결과에 책임이 있는 거야.

아니면 치음부터 빼지든기 했어야지.

이제 와서 일이 잘 안 되니까 나한테 책임지라고 하면 넌 그럼 뭔데?

넌 책임이 하나도 없고, 나만 책임지라고 하면 넌 그동안 뭐한 건데?

이런 말다툼이 있었구나?

네가 그 일 한다고 할 때 나 속으로 솔직히 걱정했어.

넌 조금 더 신중하라는 내 말에 괜찮다고만 하면서 이번엔 잘될 거 같다고 하더니만…….

결국 결과가 안 좋게 나왔잖아?

이건 그 사람 책임만도 아니고 너도 책임 있는 거야.

응? 그런 말 하지 말라고?

아냐, 잘 생각해봐.

흥분 가라앉히고 어디서부터 잘못된 건지 따지는 대신 결과만 생각해보자.

어떤 일이건 처음 시작할 땐 참여하는 사람들 의견이 모두 다를 수 있어.

그럼, 그 일은 안 하는 게 맞아.

최소한 내 의견만 맞다고 생각하거나, 도저히 서로 의견이 안 맞는다고 하면 안 해야 해.

근데, 초기에 서로 의견들이 다르긴 했지만 서로 이해하고 하기로 한 거잖아?

그럼 서로 같은 생각이었다는 뜻인데, 결과에 대해서도 같이 책임지기로 한 것과 같아.

네 말만 듣고 했다든지, 네가 다 책임지라는지 하는 건 맞지 않아.

네 기분은 이해하지만 네 말이 옳은 건 아니라는 거야.

사람들 일하다 보면 왜 그런 거 많잖아.

일하기 전에는 의견일치해서 잘되는 것만 상상하는데, 일하다가 안 될 수도 있고 잘될 것 같은 일도 실패할 수도 있다는 건 전혀 염두에 두질 않아서 생기는 문제 말이야.

세상일이라는 게 모두 원하는 대로 이뤄지는 거라면 대통령 되고 싶은 사람은 다 대통령 될 거고, 부자 되고 싶은 사람은 다 부자 될 거야.

하지만 생각대로 안 되는 게 세상일이지.

실패를 줄이려는 사람들은 책을 보고, 정보를 찾고, 결론을 내기 위해 조언을 듣지?

부자들이 쓴 부자가 되는 방법이라는 책도 보고, 증권투자 노하우에 관한 책도 찾아보거든.

하지만 남들도 다 아는 정보가 진짜 정보로써 가치가 있을까?

아니겠지?

그럼 결론은 하나야.

내 정보와 판단으로 투자를 하고 어떤 사업을 시작하되, 그 결과에 대한 책임도 내가 지는 거야.

인터넷이나 책에서 정보를 찾고 성공 노하우를 찾는 건 사실 불가능해.

이제 그런 건 그만둬야 해.

투자하고 사업하는 데 필요한 공부는 기술 공부일 뿐이지.

사람에 대한 공부나 세상을 읽는 공부는 직접 세상 속에서 겪어봐야 알 수 있는 분야라서 그래.

주식, 금융, 부동산 투자법 같은 것도 경제의 전부가 아니잖아.

진짜 경제 공부란 네가 오늘 돈을 얼마를 쓰는지, 어떻게 쓰는지 살펴보는 데서 시작해.

사람들이 성공 노하우를 찾는 거?

그래, 맞아. 불안하니까 그런 거야.

불안하지 않다면 사람들은 정보를 찾지 않을 테니까.

너무 불안해서 혹시 자기가 모르는 비밀이 있지 않을까 찾아보고 뒤지고 하는 거지.

어떤 사람은 부자라고 책 쓴 사람을 찾아가서 다짜고짜 노하우 밝히라고 하는 경우도 있어.

하지만 침착하게 생각해보면 그런 행동이 소용없다는 걸 알게 될 거야.

그 사람이 성공한 시기와 지금 내가 성공하려고 노력하는 시기가 다르거든.

성공 노하우는 철저하게 그 당시에 세상 흐름을 알고 거기 맞춰 노력하는 데서 나오는 거야.

시대가 다른데 어떻게 성공 노하우가 같겠어? 안 그래?

그럼, 뭐가 중요하냐고?

여기서 말하려는 거 있잖아.

어느 시대든 가장 중요한 사람은 누구겠어?

그래, 나야. 나 자신!

내가 말하려는 것도 그 사람 자신의 실수를 막자는 거거든.

그동안 실수를 연발하던 나쁜 생각과 행동을 고치고 올바른 판단을 내리기 위한 침착함을 갖자는 것!

그리고 세상 흐름을 볼 줄 아는 눈을 갖자는 것!

근데, 사람들이 자꾸 실수를 하는 이유가 뭔지 아니?

그건 조급증 때문이야.

남들보다 더 빨리 부자가 되려고 하고, 한 살이라도 더 어렸을 때 부자가 되고 싶어 해.

42.195킬로미터를 달려야 하는 마라톤 선수가 100미터 달리기 선수를 부러워하는 거랑 같아.

왜 부러워해? 그 사람과 내가 달리는 코스가 다른데?

지금 달리는 게 힘드니까, 다른 코스에 있는 사람을 부러워하는 거밖에 안 돼.

내 코스가 힘드니까, 저쪽 코스에 있는 사람은 빨리 도착점에 들어가고 돈도 버는 거 같지?

하지만 그 사람과 내가 달리는 코스가 다르다는 사실…….

이게 제일 중요해, 이걸 알아야 해.

세상에 나온 모든 경제 서적, 경제학, 투자 비법, 돈 버는 법…….

이런 부에 관한 모든 책을 버리면 좋겠어.

이미 사람들은 모든 경제를 알고 있거든.

남들이 모르는 비법을 찾느라 이 책 뒤지고 저 책 뒤지는 동안 내가 뭘 하는지 보려고 내 곁에 달려온 경쟁자들만 자꾸 쌓이는 거야.

내가 읽는 게 뭔가 중요한 게 있는가 싶어서 남들도 나랑 같은 책을 읽는 거야.

알지?

모든 성공을 보장하는 비법은 없어.

투자 비법, 주식투자, 경매투자, 선물옵션, 펀드, 부동산, 금융 상품 등 모든 이야기는 사람들 귀에 달콤하게 들리지만 이미 지나간 지식이야.

남들도 다 아는 방법이라는 소리지.

나만 알고 아무도 모른다고 생각하면 안 돼.

최소한 그 책을 쓴 사람은 이미 알고 있는 방법이잖아?

그리고 중요한 사실 하나가 있어.

나만 아는 비법을 남에게 알려줄 바보는 없다는 거야.

변명도 그만 멈춰야 해.

무슨 일을 하다가 실패하거나 잘 안 되면 꼭 다른 사람 핑계를 대는 사람이 많아.

심지어 나랏일하는 정치인 때문에, 가난한 부모 때문에, 사업 파트너 때문에 내가 실패했다고 생각하는 사람들도 있지.

따지고 보면, 정치인 뽑은 게 누구야? 국민이야.

가난한 부모님? 아냐, 그 부모님께서 그 사람을 키워주셨어.

사업 파트너?

사업은 파트너만 한 거 아니잖아? 같이한 건데 책임도 같이 져야지.

어떤 일을 할 때는 주위에서 도와줄 거라고 생각하면 안 돼.

세계 제일의 부자 워런 버핏은 주식 투자할 종잣돈을 자기가 직접 저축해서 모았어.

그리고 자기가 가장 잘 아는 일, 주식 투자를 한 것뿐이거든.

만약 누군가 주식을 공부하고 투자해서 돈 벌 생각이라고 해도 이미 그 사람은 워런 버핏의 상대가 되지 못하는 거야.

투자 신경 쓰면서 힘들게 잃을 바에야 그냥 일찌감치 줘버리라는 게 내 생각이야.

생각해봐.

만약 네가 증권에 손을 대고 주식에 투자하는 순간 워런 버핏이 네 돈을 야금야금 빼앗아가기 시작할 거야.

주식은 여러 사람이 돈을 모아두고 누가 더 가져가느냐 하는 게임이잖아? 그럼 그건 이미 지는 게임이고 승산 없는 게임이야.

주식시장엔 이미 경험 많고 날고 기는 전문가가 수두룩하지.

그 사람들이 나한테 호락호락 돈을 잃어주겠냐는 거야, 안 그래?

책을 아무리 많이 읽는다고 해도 그건 그 사람의 지식이 아냐.

이미 누군가, 어쩌면 워런 버핏도 썼던 방법이고 그 사람이 쓰려는 방법은 워런 버핏도 다 알고 있는 거라는 뜻이지.

그 사람의 전략이 들킨 상황에서 이길 가능성이 몇 퍼센트나 되겠어?

해보니까 안 된 걸 갖고 누구 때문이라든가, 세상 때문이라는 변명하면 안 돼.

세상은 그 사람에게 주식에 투자하라고 시키지도 않았고, 어느 누구도 그 사람에게 반드시 성공할 거라고 확인해주지 않았으니까.

사람들 툭 하면 세상이 날 버렸다고 말하는데, 세상은 그 사람을 한 번도 가진 적이 없다는 거 알아야 해.

사업은 파트너랑 성공을 나누듯 실패도 나눌 수 있을 때 시작하는 거야.

성공은 나누고 싶은데, 실패는 다른 사람이 책임져야 한다면 그건 사업투자가 아냐.

행여나 성공하더라도 그런 마음가짐이라면 어떻게 되겠어?

성공을 하게 되면 다른 사람보다 자신이 더 가지려고 악착같이 따질 것 아냐?

차라리 그 사업은 그래서 실패한 게 좋을 수 있어.

성공했다면 더 안 좋은 일이 벌어졌을 게 빤하니까.

실패를 나눌 수 있으면 성공도 나눌 수 있어.

그럴 때 사업을 시작해봐.

성공하려면 필요한 건 뭐? 파트너십!

사업은 파트너랑 성공을 나누듯 실패도 나눌 수 있을 때 시작하는 거야.
성공은 나누고 싶은데, 실패는 다른 사람이 책임져야 한다면 그건 사업투자가 아냐.
실패를 나눌 수 있으면 성공도 나눌 수 있어.
그럴 때 사업을 시작해봐.

"나 못 믿어? 나만 믿어."
ㄴ 여자를 배려하는 여자

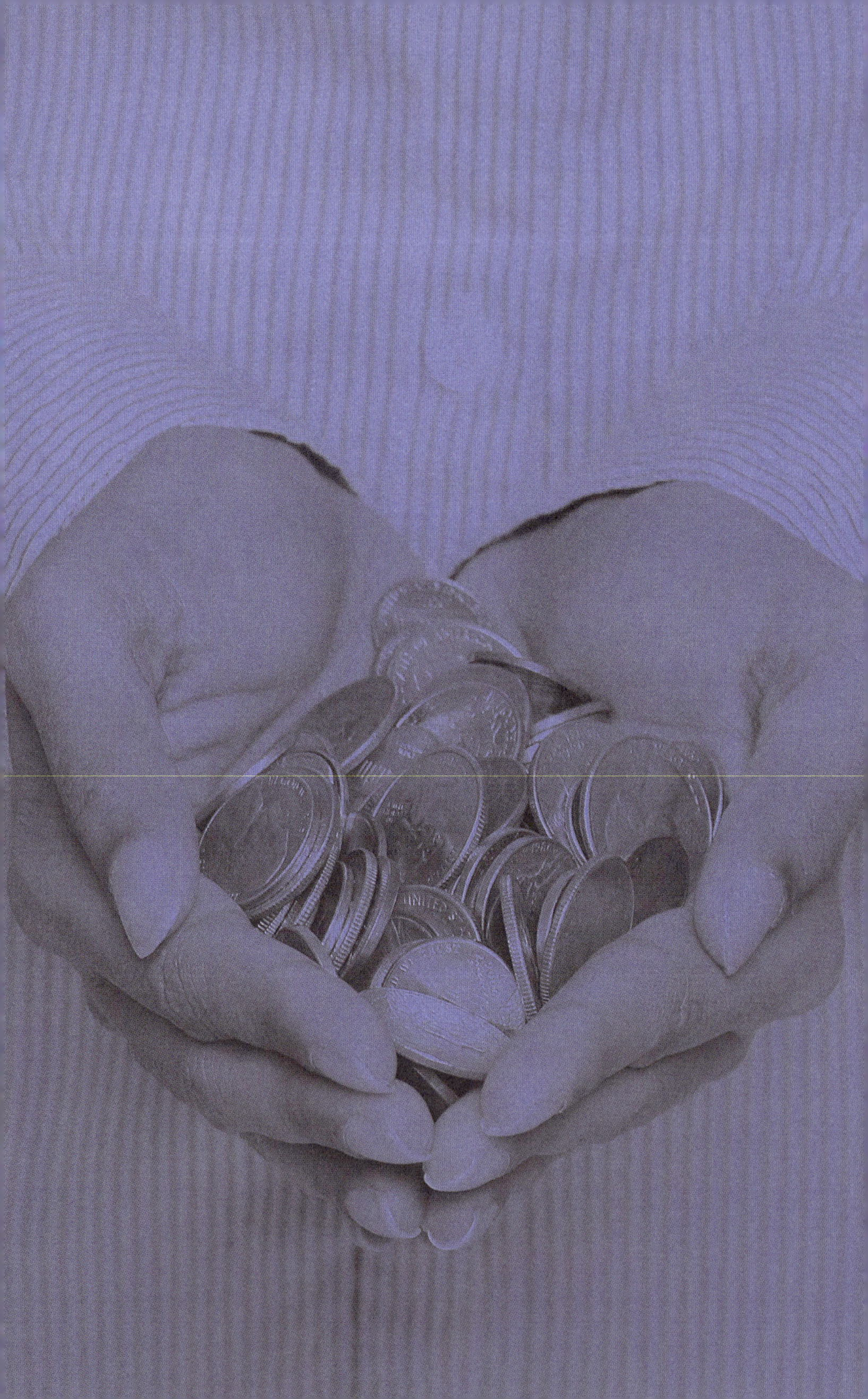

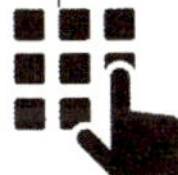

너도 "나만 믿어"라고 하네?

사람은 서로 믿는 게 아냐.

다만, 서로 상대의 말을 듣고 상대가 어떻게 행동하는지 지켜보는 거야.

언행이 일치하는 사람인지 지켜보는 게 중요해.

얼마나 오랫동안?

아주 오래 지켜봐야 해.

그거 알아?

일본인들과 만나고 중국인들과 사업을 같이할 기회가 있었어.

그때 그들의 속성을 알 수 있었어.

일본인은 마음을 열기까지 3년을 기다리더라.

3년 동안 지켜보면서 실제 그 사람이 믿을 만한 사람인지 계속 판단하
더라고.

중국인들은?

그들은 결코 만만치 않았어.

중국인들은 상대방을 10년 정도 지켜보더라.

한 8년째에 접어드니까 그제야 마음을 조금씩 열기 시작했어.

그리고 10년이 되어서야 친구로 대접해주더라고.

한국인은?

너도 알잖아?

만나자마자 나이 물어보고 위아래 정한 후에 관계를 맺지.

언니, 오빠, 동생, 누나, 형의 관계를 만들기에 급급하지.

어떤 일을 하든 가족처럼 일하는 게 중요해서 그런가 싶기도 해.

일본인, 중국인과 다르게 너무 빠르게 친해지는 거, 장점이자 단점인 거 같아.

"나 못 믿어?"

그런 말 잘하잖아?

그런데 대화 중 "나 못 믿어? 나만 믿어!"라고 하는 사람, 정말 믿어도 될까?

세상에 믿을 '빠'는 둘 있다고 말하잖아?

오빠와 아빠!

우스갯소리야.

여하튼 사람은 서로 믿는 게 아니라 언행일치를 지켜보는 거야, 그게 중요해.

사람들을 볼 때 그 사람의 말을 유심히 들어봐.

말 하나하나에 그 사람의 성격이 그대로 드러나는 경우가 많으니까.

국회의사당에서 공중부양하며 화제가 된 어떤 분 있지?

그 사람은 법원에서 무죄판결을 받고서 그랬대.

"나도 부드러운 남자(?)이고 싶다!"

하지만 그거 아니?

상대의 권위를 부정하는 사람만큼 자기 권위를 내세우는 사람도 없어.

"네 녀석들이 감히 내게?"라는 것이지.

상대의 권위를 무시하면서 자기 권위만큼은 철저하게 지키려는 경우가 많아.

그런 사람들 많지?

입버릇처럼 꺼내는 말이 "나 못 믿어? 나만 믿고 와" 하는 사람들 말이야.

나중에 보면, 정작 다른 사람 절대 못 믿는 사람이 바로 이런 사람이더라.

자기 입으로 "나 믿어"라고 하면서 다른 사람은 못 믿는다?

한마디로 거짓말쟁이인 거지.

이런 사람들도 많아.

"난 쿨한 사람이야. 뭐든지 말만 해" 하는 사람…….

이런 사람들은 세상의 모든 고민을 혼자 짊어진 채 끙끙 앓다가 다른 이들 저주하는 부류일 가능성이 커.

남들이 자기 험담을 해도 쿨하게 넘기는 거 같지?

속으론 잊지 않고 담아두며 칼을 가는 사람들이야.

또 이야기를 나눌 때, 팔짱을 끼는 사람들 많잖아?

겉으론 경청하는 척하지만 속으론 저울질을 하는 사람들이니까 조심해야 해.

그리고 "같이 잘되면 좋겠어요. 우리 같이 잘해봐요" 하는 사람들, 나중에 보면 자기가 모든 일 다 했다며 딴소리를 하더라.

자기만 주인공이고, 함께했던 사람들은 떨거지 주변인으로 전락시키는 거지.

이런 사람들 자세히 보면 주먹을 쥐고 있는 사람들이 많아.

한번 유심히 보렴.

상대가 자신에게 실수하고 잘못하더라도 호탕하게 넘어가는 것처럼 보이긴 해.

상대를 감싸고 배려하는 것을 강조하면서…….

하지만 왠지 주먹을 꼭 쥐고 펴지 않아.

상대를 따뜻하게 감싸려면, 또 그렇게 악수라도 하려면 주먹을 펴고 손을 내밀어야 하는데도 말이야.

넌 네가 쥐고 있는 꿈을 이루려면 아직 멀었다고 생각하니?

다른 이들이 너와 네 주먹 속 꿈을 몰라주면 화가 나고, 짜증이 밀려오니?

혹시 '내가 내 꿈을 이루기 위해 얼마나 처절하게 노력하는데? 그래, 나를 몰라주는 너희 조금만 기다려 내가 놀라게 해줄 테다!' 하며 주먹 꽉 쥐고 있는 거야?

조금 걱정된다.

너의 주먹을 펴고 손바닥 위에 놓인 꿈을 사람들에게 보여야 길이 열려.

너의 손 위에 놓인 게 너무 무거워 보인다면 다른 사람들과 조금씩 나누어보렴.

그렇게 덜어서 같이 들어야 편해지는 거거든.

너의 주먹을 펴야지 손 시릴 너를 위해 사람들이 장갑을 줄 수 있어.

주먹 안에 든 건 눈싸움할 때 던지려는 눈덩이밖에 더 있겠니?

주먹 안에서 꽁꽁 얼어버린 눈 뭉치, 결국 다른 사람들에게 던지기밖에 더하겠어?

지금 당장 주먹을 펴고 네가 숨겨왔던 그것을 다른 사람 앞에 내려놓아봐.

마음뿐만 아니라 길도 열릴 거야.

너의 꿈을 아직도 못 이루는 것 같아서 답답하니?

인연이 네 곁을 지나가는데, 네가 손을 펴지 않았기 때문에 기회를 놓치는 것은 아닌지 생각해보자.

어떤 영화에 보면 예언자의 이야기가 나와.

"내가 진실을 말하든, 거짓을 말하든 선택은 당신이 한다는 게 가장 확실한 예언이다."

네가 꿈꾸는 위치에 아직 오르지 못했다면, 그건 너의 한계일 수 있어.

그 한계는 스스로 열지 못하고, 친구가, 선생님이, 동료가 열어준다는 걸 알아야 해.

나도 세상을 많이 산 건 아니지만, 가끔 이런 생각이 들더라.

세상살이 모든 구조가 언니, 오빠들이 만들어가는 세상이라는 느낌 말이야.

선배들이 만든 세상 구조와 그 틀 속에서 나 혼자 발버둥을 친들, 그 틀이 깨지겠니?

오히려 선배들과 어울리고, 그들에게 내가 필요로 하는 이야기를 해야 해.

그래야 세상이 나를 향해 조금씩 변화될 거라 생각해.

지금 너의 주위에 친구나 후배가 많은지, 선배가 많은지 살펴봐.

친구나 후배가 많다면 분명 그럴 거야.

만나서 하는 이야기라곤 "힘내, 우리 잘될 거야" 하는 것뿐이겠지.

선배가 많다면 분명 이런 이야기가 자주 들릴 테고…….

"얘, 너 이 일 한번 해볼래?"

격려가 필요한 사람들끼리 이룰 수 있는 건 확률 낮은 복권일 뿐이고, 선배가 많은 사람이 받을 수 있는 건 살아 있는 '기회'야.

복권에 얽매일 거니, 기회를 잡을 거니?

그렇다면 선배를 만나서 친해지는 방법?

어려울 거 없어.

예의와 배려로 상대를 존중하는 거야.

선배들은 네가 말하지 않아도 눈빛, 말 하나로도 너를 금세 다 알아.

진실된 네 모습만 보이면 되는 거야.

내 사람을 만들려면?

사람은 서로 믿는 게 아냐.

다만, 서로 상대의 말을 듣고 상대가 어떻게 행동하는지 지켜보는 거야.

언행이 일치하는 사람인지 지켜보는 게 중요해.

얼마나 오랫동안?

아주 오래 지켜봐야 해.

"내 말 들어봐, 넌 몰라서 그러는 거야."
ㄴ 말보다 그 사람의 행동을 먼저 본다

너, 배우 준비한다며?

이제 머지않아 TV에서 보는 거야?

이거 사인 먼저 받아둬야 되는 거 아냐?

잘되길 바랄게.

기대된다, 나도 스타 친구가 생기겠구나!

그런데 네 얼굴이 밝아 보이진 않네?

뭐야? 무슨 일 있니?

그래.

네 말 듣고 보니 배우가 된다는 건 연기만 잘해서 되는 게 아니라는 게 이해된다.

예전에 어떤 배우 지망생을 만난 적 있는데 이런 말을 하더라.

배역 기회를 잡으려면 연기보다 영업을 잘해야 한다고…….

그 사람 이야기를 듣는데, 안타까웠어.

연기력 하나만 갖고 배우가 되는 게 아니라, 연예계도 사회생활과 마찬가지로 영업을 해야 하고 인간관계를 만들어야 한다는 거 말이야.

뭐, 확실히 연예계도 사회생활 중 하나니까 그럴 수도 있겠다 싶어.

사람들에게 감동을 전해주며 순수해야만 할 것 같은 연예계도 인맥과 연줄이 중요하겠지.

그래서 많은 사람이 포기한다는 말도 들었어.

연예계에서 살아남아 스타로 활동하는 사람들이 진짜 대단하긴 해.

맞아, 맞아.

신인 시절엔 도와주겠다며 접근하는 사람들이 많다더라.

광고감독이나 드라마 제작자라는 거짓말로 접근도 하고…….

영화감독이나 조연출은 물론, 단역배우들 관리자, 전직 매니저나 카메라 스태프 같은 사람들도 자기가 누구 많이 안다면서 자기 마음에 들면 키워주겠다고, 유혹 아닌 유혹을 많이 한다던데…….

내가 신인 입장에서 생각해보더라도 귀가 솔깃할 거 같아.

영화, 드라마에 한 번이라도 더 얼굴 비추는 게 중요하니까.

내가 최고라고 해주고, 내가 잘되게 도와주겠다고 하면, 고맙기도 하고 설레면서 감격도 하고 그러겠지.

그래, 알아.

하지만 그들 중 99퍼센트가 사기꾼이고 거짓말쟁이야.

애인하자고 그러고, 돈 가져오라고 하고 막 그러잖아.

그들이 거짓말하는 거 의심하면서도 어쩔 수 없이 넘어가는 사람들이 많은 게 또 이쪽 분야의 함정인 거 같아.

똑똑한 척해도 당하고, 어리숙하게 보여도 당하는 곳이 이쪽 바닥인 거 같아.

어쩌겠어? 스스로 정신 차리고 잘하는 수밖에…….

무대는 좁고, 스타를 꿈꾸는 이들은 많으니까 이상한 사람들이 생기는 거겠지.

네 말 듣고 보니까 진짜 세상에 쉬운 일은 없다는 거 알겠어.

나도 들은 적 있어.

연예계 스폰서?

이 이야기는 연예계에서 잔뼈가 굵은 사람들에게도 충격이었대.

꽤 유명한 모 기획사에 소속계약을 한 여자 연기자가 있는데, 어느 날 소속사 쪽에서 스폰서 제안을 해오더라는 거야.

결과부터 말하자면 이 여자 연기자는 끝내 제안을 뿌리쳤다고 했는데, 이야기를 전해들은 나로선 아직도 그런 일이 일어난다는 것 자체가 충격이었어.

심지어 유명한 배우가 있는 기획사에서도 버젓이 그런 제안을 한다는 거야.

아주 오래전 이야기도 아니고, 불과 1년도 채 안 된 이야기라는 점에서 더 황당하고 기가 막혔어.

"네가 잘되길 바랄 뿐이야. 그래서 그래."

이런 말을 하더래.

어느 유명 스타도 다 이런 과정을 거쳤다고 하더래.

너도 뜨려면 누구나 그러듯이 스폰서를 가져야 한다면서 ○○도 그랬고, ××도 그랬다고 하더라는 거야.

가장 마음이 흔들렸던 얘기는 이런 거였대.

"난 네가 잘되었으면 해. 난 아무것도 받는 거 없어. 그저 너를 위해서 그래. 네가 고생 조금 덜 하고, 제대로 인정받았으면 좋겠어."

이런 이야기로 마음을 흔들면서 "스폰서 제안을 받을지 말지는 네가 결정해"라고 하더래.

처음엔 '아, 진짜 이럴 수밖에 없는 건가?' 하고 고민도 했대.

하지만 나중에 알게 된 사실이 있어서 두 번 다시 그런 사람들 만나지도 않는대.

그게 뭐냐고?

스폰서 연결해주려는 사람들은 반드시 뒷돈을 챙긴다는 거야.

일명 '소개료'라고 부르는데, 수백만 원은 기본이라는 거야.

그 사람들이 받는 돈의 몇 십 퍼센트라고 정해놓고는, 그 후에도 이 명목 저 명목으로 가져가는 돈의 비율도 다양하다네?

물론, 스폰서 계약을 하게 되는 신인 연기자, 신인 가수, 연기자 지망생들은 절대 모르게 하고…….

그런 제안을 받으면 사실 힘들고 어려운 위치의 사람들은 흔들리게 마련이지.

마음을 다잡고 이겨내야 하지만 마음 약한 사람들은 꿈조차 포기해버리고 마니까 문제지.

그런 이야기를 해주고 싶어.

만약 누군가 스폰서 계약을 들먹이며 밀어주겠다, 띄워주겠다는 식으로 다가오면 자기 스스로에게 물어보는 거야.

내 행동을 부모님이 좋아하실까?

나중에 내 아이들, 내 남편에게 당당할 수 있을까?

내 꿈을 이뤄주는 무대에 서기 위해서라고 해도 팬들에게 떳떳할 수 있을까?

이렇게 자문하고 또 스스로 답을 구하는 거야.

연예인이란 타고난 연기력이나 노래 등의 재능으로 다른 이들을 위로하고 감동시키는 사람들이잖아?

그런데 누군가 부적절한 행동을 통해 무대에 섰다면, 사람들은 그의 팬이 되려고 할까?

아닐 거야.

그런 상태로 다른 이들을 위로하고 격려하고 감동시킬 수 있을까?

부적절한 행동을 하면서까지 꿈을 이루려는 건 자신만의 고집이자 독선에 불과한 거지.

자기 말 들어보라면서, 너는 몰라서 그런다고 말하는 사람들까지 있어.

연기자가 되려면 어차피 다양한 경험을 해야 하는 거라고 하거든.

사랑을 해봐야 사랑 연기를 한다고 부추기는 사람들 말이야.

그럼, 그들의 말대로라면 죽어봐야 죽는 연기를 제대로 하는 거겠네?

애를 낳아봐야 애 낳는 연기도 가능하겠네?

고민해야지.

귀신이 되어봐야 귀신 연기를 하고, 외계인이 되어봐야 외계인 연기를 하는 건 아니잖아?

그 사람들 얘기는 다 거짓말이야.

악마의 유혹으로, 멀리해야 할 잡소리들이지.

만약 누군가 나타나서 너한테 그런 제안을 하면 물어봐.

내가 당신 여동생, 당신 누나라도 똑같이 이야기할 수 있느냐고 말이야.

말하자면 그런 거겠지.

어느 일이든 지름길이 있다면 그쪽으로 가고 싶고, 엘리베이터를 탈 수 있다면 편하게 가고 싶잖아?

누구나 지름길을 통해 먼저 도착하고, 엘리베이터로 편하게 올라가고 싶어 하고, 또 그게 좋을 것만 같지.

하지만 그렇지 않아.

지름길이든 엘리베이터이든 빨리 도착해봐야 먼저 내려가야 할 뿐이거든.

연기자랑 가수들은 '마음'으로 연기하고 노래하는 사람들이잖아.

그 마음은 그 사람의 눈빛으로 무대에서 다 드러나는 거거든.

그런 스타들을 보면서 관객들은 감동받고 인생에 살아갈 힘을 얻지.

꿈을 이루려는데 과연 내가 제대로 길을 걷고 있는지 궁금하다면 주위 사람을 보라는 말이 있어.

내 옆에 있는 사람이 나를 이야기해주는 거니까.

그 이유?

왜냐하면 그 사람은 내가 모은, 즉 내 모습을 그대로 담고 있는 사람들이기 때문이야.

잘못된 지름길은 내리막길이라니까?

어느 일이든 지름길이 있다면 그쪽으로 가고 싶고, 엘리베이터를 탈 수 있다면 편하게 가고 싶잖아?

누구나 지름길을 통해 먼저 도착하고, 엘리베이터로 편하게 올라가고 싶어 하고, 또 그게 좋을 것만 같지.

하지만 그렇지 않아.

지름길이든 엘리베이터이든 빨리 도착해봐야 먼저 내려가야 할 뿐이거든.

"이 돈? 이 정도는 또 쉽게 벌어."
ㄴ, 모든 재산이 한 방에 날아갈 수 있으니 주의해!

첫 직장을 구하기까지 힘든 과정을 거치는 사람들이 많지?

영어 성적표에 학점관리는 물론이고, 봉사생활도 해야 하지.

졸업 후에는 회사를 정하고 입사 시험을 준비하면서 각종 자격증도 따야 하고 말이야.

근데, 막상 회사에 들어가면 어때?

신입사원 교육을 받은 다음, 부서 배치를 받고 나면 그때부터는 만날 이어지는 회식에 술자리에 단합대회에……

그러다 보면 정말 회사생활이 어떻게 가는지 몰라.

그렇게 회사에 치이다 보면 어느새 한 달이 지나고 월급이 나오지.

어때?

월급이 기대만큼 충분해? 아니면, 부족해?

맞아, 월급은 항상 부족해.

그래서 돈을 모으려면 회사를 더 다녀야 하는데 그 시간을 못 참는 사람은 창업을 하지.

그러면서 하는 얘기 있잖아.

"아, 부잣집에 태어났으면 얼마나 좋을까?"

뭐, 그런 거 말이야.

아빠나 엄마가 부자면 태어나면서부터 일 안 해도 될 운명이지.

하지만 집이 가난하니까 고생도 해야 하고, 아침 일찍부터 출근해야 하고…….

짜증스러운 일상이지.

어떻게 아냐고? 나도 처음엔 그랬으니까.

물론, 지금은 아침 늦게 일어나는 것도 아니고, 회사에 나가고 싶을 때만 나가는 것도 아냐.

오히려 더 바빠진 거 알아?

일이 손에 잡히고 돈이 많이 벌릴수록 일은 더욱 많아져.

오히려 신입사원 때나 평사원 시절이 좋았다니까?

믿기 어렵지?

초년병일 때는 간부들의 자기 신세타령을 들으면서 행복에 겨워한다고 생각했거든.

근데, 아니더라고.

간부들 보니까 월급이 많아질수록 하는 일은 점점 더 많아지더라.

출퇴근 시간? 이건 있으나마나 한 거야.

출근 시간이란 그것보단 늦지 말라는 거더라고.

퇴근? 퇴근이 뭐야?

휴일에도 나와서 업무를 하는 게 정상이야.

나이가 들고 간부가 되면서 회사 사장처럼 일해야 하는 거지.

근데, 또 웃긴 게 이럴 바에야 내 일 하는 게 낫겠다고 하는 사람들 있는데, 진짜 그렇다고 나가면 또 안 돼.

창업으로 회사 하나 만들고 경영하기가 그리 쉬운 게 아니거든.

너, 그거 아니?

부자 부모를 둔 사람들은 일 안 하고 편하게 살 거 같지?

근데, 그것도 아니더라.

오히려 스트레스 더 받고 힘들게 살더라.

미국의 경제전문지 〈포브스〉에서 억만장자의 딸 25명을 소개한 적이 있어.

그중 스물일곱 살짜리 홀리 브랜슨이라는 여자는 영국 버진 그룹의 리처드 브랜슨 회장의 딸이거든.

근데, 런던에서 소아과 의사가 되기 위해 5년 동안 의학 공부를 했대.

하지만 가족들이 설득을 멈추지 않으면서 결국 버진 그룹에 합류했다고 하더라.

지금은 그룹의 의료, 건강, 항공 사업부에서 일을 배우는 중이래.

앨러너 웨스턴이라는 30대 후반의 여자도 있어.

캐나다의 갑부 글렌 웨스턴의 딸이지.

처음엔 영국의 〈데일리텔레그래프〉라는 매체에 현대미술 칼럼을 썼고 패션브랜드 버버리에서 홍보마케팅을 담당했었나 봐.

2003년에는 실제 자기 회사를 차려서 브랜드 컨설팅 일도 했어.

지금은 영국의 백화점 셀프리지에서 광고 책임자로 변신해서 일하는 중이래.

그 백화점은 물론 그녀의 아버지가 인수한 회사지.

좀 특이한 사람들도 있어.

이반카 트럼프라는 20대 여성은 미국의 부동산 재벌로 유명한 도널드 트럼프의 딸이야.

자기가 만든 보석 브랜드 '이반카 트럼프 주얼리'를 위해서 모델 활동
도 직접 할 정도래.

아버지 후광을 받아서 편하게 살기보다는 자기 힘으로 뭔가 개척하고
싶어 하는 거야.

어때?

부자 부모를 둔 사람이라고 해서 편하게만 사는 것은 아니지?

오히려 전면에 나서서 어려운 경영을 맡기도 하고 자기 일을 하면서
스스로 개척하는 인생을 더 원하기도 하잖아.

이렇게 생각하면 좋을 거 같아.

나는 왜 재벌 2세가 아닐까 낙담할 게 아니라 부모님을 재벌 1세로 만
드는 거야.

그럼 자연스럽게 내가 재벌 2세가 되는 거 아니겠어?

현실에 불만을 갖기 시작하면 끝이 없어.

아무리 돈을 많이 모아도 그 돈보다 더 많이 가진 부자들이 항상 있으
니까 채워지지 않겠지.

돈을 누가 얼마나 더 가졌는가 경쟁하는 것처럼 어리석은 짓도 없어.

돈은 아무리 많아도 항상 부족한 거니까.

따지고 보면, 돈이 많고 적다는 건 '많아서 편안하다', '없어서 불편하
다'가 아니지.

자기 일을 시작하는 출발선 정도로 생각하면 될 거 같아.

어떤 사람은 돈을 좀 많이 갖고 시작하고, 어떤 사람은 돈을 적게 갖고
시작하는 거지.

돈이 많고 적다고 해서 반드시 그 사람이 성공하고 실패하는 게 아니

니까.

왜 있잖아?

돈이 많아도 불행하고 그래서 결국 실패하는 사람도 있잖아.

가진 돈은 없는데 아이디어가 좋고 성실해서 성공하는 사람도 많고 말이야.

그런 거겠지.

부자들을 보면 공통점이 있어.

돈에 관해서는 많다고 함부로 쓰지 않고, 오히려 더 절약하면서 아끼지.

"이 정도의 돈? 나 많아!"

그들은 이런 말 절대로 하지 않아.

돈이 무서운 존재라는 걸 아는 사람들이지.

돈이 없으면 자기들이 누리는 약간의 편안함이 순식간에 사라질 거라는 걸 아는 사람들이지.

그래서 부자일수록 더 절약하고 아끼고 치열하게 경쟁하는 거 같아.

거리에 나가봐.

돈 쓰는 사람들이 누구니?

20대 청춘들이야. 그들이 제일 돈을 많이 써.

그들 대부분이 돈을 잘 버는 사람들은 아니잖아?

그러니까 돈을 막 쓰지.

돈을 버는 30대, 40대 사람들은 오히려 더 아끼고 안 쓰는 거 알지?

가난한 사람과 부자의 차이도 그런 거야.

있으니까 더 안 쓰고, 안 쓰니까 더 벌고…….

있는데 써버리면 또 없어지니까 일해서 벌어야 하고, 자꾸 가난이 반복되는 거…….

부자들 말하는 거 들어보면 언제나 그래.

나, 돈 없어요.

나, 힘들어요.

나, 가난해요.

근데 가난한 사람들 말 들어보면 이런다니까?

이 정도 돈은 없어도 살아.

이 돈? 또 쉽게 벌어, 괜찮아!

월급? 다음 달에 또 나와.

아이러니하지?

근데 생각해봐.

월급이 다음 달에 안 나올 수도 있잖아.

까딱 잘못하면 이번 달에 카드로 결제한 거 갚지 못할 수도 있지.

생활비가 없어서 힘들어지는 거, 아주 순간이야.

돈이 많거나 적다고 해서 차이가 있는 건 아니더라.

부자들도 똑같은 일을 걱정하는 거였어.

돈이 아무리 많아도, 그 돈이 순식간에 없어질 수 있다는 걸 알고 조심하는 거지.

그게 부자들이 살아가는 방식이더라.

부자 스타일이란?

부자들을 보면 공통점이 있어.

돈에 관해서는 많다고 함부로 쓰지 않고, 오히려 더 절약하면서 아끼지.

"이 정도의 돈? 나 많아!"

그들은 이런 말 절대로 하지 않아.

돈이 무서운 존재라는 걸 아는 사람들이지.

"100만 원 투자하면 얼마 돌려줄 건데?"
└, 이자 0.1퍼센트에 마음이 흔들린다

꿈이 있다면서 네가 한 말 기억나?

30억 원 정도 벌어서 집 사두고, 은행에 돈 넣어둔 뒤에 이자로 생활할 거라는 말…….

내 생각에도 30억 원 정도 벌면 은행에서 주는 이자가 상당할 거 같아.

매월 이자로 생활비 쓰면서 네가 하고 싶은 일을 할 수도 있으니 정말 좋겠다.

오늘 좀 늦게 온다 싶었더니, 아까도 은행 갔다 왔어?

근데, 너 왜 고개를 갸웃거리며 통장을 쳐다보니?

이자가 얼마나 붙었나 보는 거라고?

대단해!

근데 뭐가 궁금해?

이자가 연이율 3.5퍼센트라고?

그걸 12개월로 나누면 매달 이자가 붙을 텐데 도대체 얼마나 붙는 건지, 이자가 제대로 나온 건지 잘 모르겠다고?

너 이자에 대해서 잘 모르는구나?

그럼, 내가 알려줄게.

이자란 누군가 '신용' 또는 '화폐'를 은행에 맡겨두면 은행이 그걸 사용하고 그 대가를 맡긴 사람에게 주는 거야.

정기적으로 일정한 금액의 이자를 무한정으로 지불하는 방식이 있어.

또 기간을 정해두고 정기적으로 일정한 금액을 지불하고 만기에는 더 많은 액수를 지불하는 이자 지급방식도 있어.

가령, a1, a2, …… an이라고 할 때, 1, 2, …… n년 동안에 채권을 가진 사람이 받는 금액이야.

그리고 P_0이 0년의 현재 화폐가치라면 전체 거래의 이자율은 이렇게 나타내지.

$$P_0 = a1(1+r)-1+a2(1+r)-2 + …… +an(1+r)-n$$

매년 a를 지불받는 영구적인 채권은 수로 나타낸 공식이 또 달라.

여기에서 r은 a/P_0야.

$$P_0 = a [(1+r)-1+(1+r)-2+ …… ∞] = a/r$$

이런 거야.

이자율은 경제의 성장비율과 같이 이해하는 거야.

이자율은 상품의 가격이나 물건의 교환도 아니고, 금융시장에서 저절로 결정되는 것도 아니라는 게 특징이지.

예를 들어볼게.

1년 내내 100원을 내야 하는 이자 조건일 때, 현재 이것을 100원을 주고 산다면 이자율은 0퍼센트인 셈이잖아?

그런데 만약 95원에 산다면 이자율은 5퍼센트보다 약간 더 높아질 거야.

90원에 산다면 이자율은 약 11퍼센트가 되는 거랑 같지.

'이자'란 이처럼 정해놓은 계산에 따라 너한테 은행이 지급하는 돈이야.

그럼, 이자는 다 같은 계산방식으로 정해지냐고?

생각해볼까?

1월부터 다음 해 1월까지 월 30만 원씩 이자율 7.2퍼센트짜리 적금을 붓고 만기에 돈을 돌려받으면 이자는 얼마나 될까?

매월 정해진 일자에 정해진 금액을 넣는 정기적금의 이자 계산은 이렇게 해.

저금하는 돈 × 기간(월) × (기간(월)+1)/2 × 이율(연 이율) /12개월

따라서 월 30만 원, 금리 연 7.2퍼센트짜리 적금이라면 이렇게 될 거야.

$300{,}000 \times 12 \times (12+1)/2 \times 0.0072/12 = ₩140{,}400$

은행에 예금을 하면 기간을 정하고 이율을 정해서 이자를 주잖아?

정기예금의 경우엔 1회차 돈을 만기 때까지 맡기기 때문에 저축액 전체에 대해 연이율을 적용해.

이에 반해 적금은 달라.

1회차 금액은 12개월 동안 유지되므로 1년 이율이 적용돼.

하지만 2회차 금액은 연이율의 11개월 기간으로 계산해서 이자를 지급해.

3회차, 4회차에 저축하는 돈도 각각의 이율이 모두 다르지.

가령, 2회차 적금액에 대해 11개월 (연이율×11/12)이라고 해보자.

3회차 적금액에 대해선 10개월분 (연이율×10/12)으로 계산하게 돼.

그러면 12회차 불입액에 대해서는 1개월분 (연이율×1/12)을 적용하는 거야.

근데, 이렇게 이자가 생겨서 얻는 이자소득에 대해 정부에서 거두는 세금이 있어.

네가 받은 이자에서 세금을 빼야만 그 남은 금액이 네가 받는 진짜 이자 수입인 거야.

이자소득에서 빼는 세금으로는 소득세가 있고, 소득세의 일정 퍼센트를 내는 주민세가 있어.

물론, 세금 우대를 받는 사람은 소득세와 농어촌특별세만 내면 되지.

이자소득세를 안 내도 되냐고?

이자소득에 대해 세금을 안 내도 되는 것을 '비과세'라고 해.

신협이나 새마을금고, 단위농협 같은 경우에 1인당 얼마의 금액을 기준으로 농어촌특별세만을 세금으로 내라고 하기 때문에 일반 과세나 세금 우대보다 이자가 많은 편이야.

부를 창출하는 이자란?

1년 내내 100원을 내야 하는 이자 조건일 때, 현재 이것을 100원을 주고 산다면 이자율은 0퍼센트인 셈이잖아?

그런데 만약 95원에 산다면 이자율은 5퍼센트보다 약간 더 높아질 거야.

90원에 산다면 이자율은 약 11퍼센트가 되는 거랑 같지.

'이자'란 이처럼 정해놓은 계산에 따라 너한테 은행이 지급하는 돈이야.

"싫어, 다 내가 직접 할 거야!"
└ 부자는 전문가를 좋아해!

어제 이자소득세랑 세금에 대해 곱씹었더니 다른 세금도 궁금해졌다고?

좋아, 좋아.

돈에 대해 궁금하고 알면 알수록 지혜가 많아지니까 돈의 중요성을 느끼게 될 거야.

돈이 중요하다는 걸 알면 낭비하는 일도 없을 테니까 금방 부자 되겠다, 얘.

은행에 돈을 넣어 생기는 이자소득이 있다는 것도 알았고, 이자에 대해서 소득세를 낸다는 것도 알았지?

이런 것처럼 장사를 하거나 사업을 해서 버는 수입에 대해 내는 세금이 있어.

무슨 장사든 '세금'은 사업가로서 정직하게 지급해야 하는 것이 맞아.

다만, 몰라서 더 내는 세금은 없어야 하니까 이번에 자세히 알아보자.

너도 온라인쇼핑몰에서 쇼핑하잖아?

어때? 물건값도 싸고 품질도 좋았어?

백화점이나 할인점, 로드숍에서 사는 것보다 가격이 싸서 놀랐다고?

가격에 비해 품질이 나쁘지도 않았으니까 사람들이 앞으로도 더 많이 온라인쇼핑을 즐길 거 같아, 그치?

나도 값싼 온라인쇼핑을 좋아하는 사람 중에 하나야.

근데, 그런 적이 있었어.

온라인쇼핑몰을 운영하는 판매자들 사이에서 엄청난 말들이 흘러나온 건데 이른바 세금폭탄이라는 게 있대.

지난 기간에 벌어들인 수익에 대해 온라인쇼핑몰 운영자들, 특히 오픈 마켓 판매자들을 대상으로 전격 세무조사가 이뤄지는 것을 말하지.

물건 팔기에만 집중하던 판매자들이 세금 문제를 몰라서 처했던 상황을 말하는 거야.

사실 온라인쇼핑몰 판매자들은 초기 매출증대를 위해서 노마진 판매, 500원 마진 판매, 1,000원 마진 판매 등의 온갖 부단한 노력으로 매출을 높이고 고생을 했거든.

잠 줄여가며 밤새도록 상품을 포장하고 상품평에 대해 답변 달면서 말이야.

그렇게 한 사람이라도 더 자기 상품 사줄 소비자 모으기에 안간힘을 썼던 것도 사실이야.

그런데 대부분 20~30대 젊은이로 구성된 판매자들이 한 가지 간과한 것이 세금이었어.

동대문시장에서 옷을 가령 10,000원에 가져왔다면 최소 원가를 11,000원으로 계산하고 그 이상을 받아야 했어.

그런데 서로 가격 경쟁을 한 탓에 어떤 이들은 10,000원에 가져온 옷을 10,500원에 팔거나 심지어 초기에 많은 물량을 팔기 위해 이익도 없이 그냥 10,000원에 되팔기도 했거든.

이게 화근이었지.

세금 구조를 몰라서 생긴, 이 어처구니없는 장사 때문에 고스란히 판매자들이 부담해야 할 몫으로 세금을 내야 한 거야.

수년간 벌어들인 매출에 대해 세금을 내야만 했거든.

20조 원 규모 이상으로 성장한 온라인쇼핑몰 매출 규모에서 절반 이상을 차지하는 패션 상품은 한 번 내린 가격 때문에라도 생산원가를 낮게 유지해야 해.

이를 위해 대다수가 중국으로 생산기지를 옮길 수밖에 없고, 그래서 동대문시장의 제조 기반 위축이라는 결과를 낳기도 했어.

물론, 요즘에는 세무사에서 절세 방법을 관리해주는 곳이 많아서 세금 과오납 등의 큰 문제는 없어.

그래도 장사를 하면서 부닥치게 되는 세금에 대해 반드시 알아둬야 하는 건 필수야.

장사란 결국 사업이잖아?

사업할 때 세무 자료로 반드시 '세금계산서'와 '계산서'가 있어야 하지.

사업자는 과세사업자, 간이과세사업자, 면세사업자로 구분이 돼.

매상의 경우 과세사업자인 까닭에 개인사업체인 경우 1월과 7월에, 즉 1년에 두 번 신고를 해.

법인사업자의 경우 1월과 4월과 7월과 10월에, 즉 1년에 네 번 부가가치세 신고를 해야 하지.

부가가치세?

그건 회사에서 상품을 사고팔 때 10퍼센트의 돈을 가산하여 거래를 하는 거야.

10퍼센트의 부가가치세가 합산되어 정부로 귀속되는 걸 말해.

부가가치세는 매입 자료와 매출 자료를 제출해서 나중에 돌려받는 돈이야.

소비를 하는 데 부가적인 가치를 준다는 뜻으로 이해하면 될까?

예를 들어서, 우리가 내는 전기세에도 10퍼센트가 추가되는 부가가치세가 있거든.

이렇게 부가가치세를 신고하고 소득세를 신고할 때는, 사업자가 벌어들인 총수입에서 비용 부분을 제한 나머지에 대해 소득세를 내는 거야.

부가가치세는 '세금계산서'와 '계산서'로 증명하게 되는데, 매출에서 매입을 뺀 나머지 금액 중 10퍼센트 금액을 부가가치세로 낸다는 거, 꼭 기억해.

그럼 세금 절약하는 아이디어가 생기지?

매출보다 매입이 많다면 미리 낸 부가가치세의 차액을 돌려받을 수 있어.

소득세 정산에서 총 수입 중 비용이 많다면 그만큼 소득세가 줄어드는 이익도 있지.

다시 말해서, 소득세가 줄어든다는 것은 그만큼 장사가 안 되었다는 의미야.

물론 기업 입장에선 광고비 같은 비용을 추가해서 전체 소득세를 줄이기도 하거든.

그렇다면 세금에서 소득세를 줄여주는 비용 항목엔 어떤 게 있을까?

비용으로 적용되는 것에는 이런 게 있어.

소모품비, 임차료, 이자비용, 임금과 급료, 수선비, 수도광열비, 지급임차료, 무형자산상각비, 지급집세, 차량연료비……

사실, 세금은 재정을 충당하기 위한 거야.

국가나 지방자치단체가 국민으로부터 강제적으로 징수하는 이유인 셈이지.

국민이라면 나랏일을 위해서 올바른 세금을 내는 것도 중요한 일 중 하나이기도 해.

물론, 세금을 내다 보면 아깝다는 생각을 하면서 세금 줄일 방법을 찾기도 해.

그런데 무조건 적게만 내려고 하다가는 문제가 생길 수 있으니까 주의해야 해.

'절세'는 좋은 일이지만 '탈세'는 전혀 다른 이야기거든.

세금을 절약하는 의미로 절세에 뭐 특별한 방법이 있는 건 아냐.

세금 상식을 갖고 증빙 자료를 수집하고 장부를 정리한다면 정부의 세법에서 인정하는 소득공제 · 세액공제 · 준비금 · 충당금 등 여러 가지 조세지원제도를 충분히 활용할 수 있어.

장사를 하는 사람이라면 알아둬야 하는 게 있어.

장사를 하면서 발생하는 '세무조사'에 대해서야.

우선, 입회조사가 있어.

세무공무원들이 해당 사업주의 1일 매출을 가늠하기 위해 1일 매장 근무를 하는 것과 같은데, 월 매출, 연 매출을 추정하는 방법이야.

그리고 VAT경정조사가 있는데, 이것은 세금 부과를 위한 세무조사를 말해.

또 거래처 유통조사라는 게 있어.

가게 또는 소규모 장사는 매출처관리를 소홀히 하는 경우가 많은데 세무조사를 받을 때 가장 많은 문제가 생기는 부분이기도 해.

세무조사는 사실 사업주에게 세금납부를 잘하라는 경고성 의미가 있는 거니까 말이야.

매출처관리를 소홀히 하면 매입 자료에 비해 매출 자료가 부족할 수도 있어.

이럴 경우, 가산세 같은 문제가 생길 수 있으니까 매입과 매출을 잘 기록해두는 습관을 들여야 해.

그리고 특별조사라는 게 있어.

이건 장사처럼 현금 유통이 많은 업체를 대상으로 진행하는 세무조사야.

이 세무조사에서 안전하려면 평소에 사업주가 쓰는 돈의 지출에 신경 써야 해.

매입 자료나 매출 자료는 적은데 사업주가 골프장 출입이 잦거나 외국 여행을 가기도 하고, 부동산 거래 등 많은 돈이 들어가는 상거래를 한다고 해봐.

사업자가 운영하는 사업장의 자료는 적은데 지출한 곳의 경비 내역은 많아지게 되니까 세무서에서는 당연히 집중관리 대상으로 정해두고 세무조사를 벌이게 되거든.

내가 정보 하나 줄게.

세금에 대해 더 알고 싶으면 언제든 상담센터에 문의해서 자세한 설명을 들을 수 있어.

〈국세청 전화 세무상담센터(콜센터)〉

전화상담 : (전국) 1588 - 0060

인터넷 : www.nts.go.kr (세무상담센터)

서면상담 : 우편이나 팩스로 신청하고 상담 내용을 서면으로 받아본다.

주소(우 :150-871) : 서울특별시 영등포구 여의도동 14-2 동아빌딩 8층 국세청 전화세무상담센터

FAX : 02-786-1588

방문상담 : 서울특별시 영등포구 여의도동 14-2 동아빌딩 9층 세무서납 세자보호담당관실

절세 Yes! 탈세 No!

'절세'는 좋은 일이지만 '탈세'는 전혀 다른 이야기거든.

세금을 절약하는 의미로 절세에 뭐 특별한 방법이 있는 건 아냐.

세금 상식을 갖고 증빙 자료를 수집하고 장부를 정리한다면 정부의 세법에서 인정하는 소득공제 · 세액공제 · 준비금 · 충당금 등 여러 가지 조세지원제도를 충분히 활용할 수 있어.

"여행 다녀왔는데, 환전할까 말까?"
└ 돈을 사고파는 시장, 환전도 잘만 하면 비즈니스가 된다

나 돈 벌고 싶어.

근데, 뭘 해야 돈을 많이 벌까?

돈을 가장 잘 버는 장사는 뭐가 있을까 궁금해?

넌 학교 다닐 때도 항상 돈 얘기하더니 이제 본격적으로 장사를 하려나 보네?

좋아, 좋아.

돈 버는 장사 아이템을 찾는 네 모습을 보니까 이제 우리 어른 다 된 거 같다, 그치?

근데 무슨 장사를 할 건데?

돈만 많이 벌면 되는 거야?

요즘 장사 쪽으로 생각해보면 온라인쇼핑몰도 괜찮을 거 같아.

커피전문점이나 식당도 많이 하던데, 너는 어떤 걸 하고 싶은데?

응?

무조건 돈 많이 버는 거?

단순히 돈만 많이 버는 장사는 없어.

식당이 돈 많이 번다더라고?

식당이 돈을 번다는 말은 아마 이익률 때문인 거 같아.

그런데 요즘엔 식당도 돈을 많이 버는 아이템이라고만 할 순 없어.

식재료 가격이 쌌을 때는 재료값에 인건비만 추가하면 나머진 남는 거였지.

하지만 재료값이 막 오르면서 식당을 해도 이익 남기기가 쉽지 않아졌어.

게다가 사람들 입맛이 까다로워지면서 맛이 제일 중요한 요소가 됐잖아?

아무리 값이 싸도 맛이 없으면 사람들이 잘 가지 않아.

노량진에서 파는 '컵밥' 말하는 거야?

한 개에 2,500원짜리 컵밥이니까 가격이 진짜 싼 편이긴 해.

밥 한 공기처럼 먹는 건데 떡볶이 1인분 정도의 값이니까 말이야.

근데, 컵밥에 올라가는 재료를 보면 충분한 영양을 준다곤 말 못하겠던데, 어때?

컵밥 장사를 하려면 어디서 할 건지 위치도 정해야 하지.

하루 종일 영업할 건지, 아니면 사람들이 몰리는 시간대에만 할 건지도 생각해야 해.

그뿐인가?

재료는 어디서 가져올 건지, 재고 처리는 어떻게 할 건지 생각할 게 많아.

단순히 컵밥 하나만 생각해서 돈 벌린다고 뛰어들 건 아닌 거 같아.

그럼, 50퍼센트 정도 수익률 나오는 장사는 뭐가 좋겠냐고?

1,000원짜리 팔아서 500원 남기는 셈인데, 그런 건 뭐가 있을까?

선뜻 아이디어가 안 떠올라.

조금 시간을 갖고 생각해보는 건 어떨까?

우선 장사를 하겠다고 마음을 결정한 거라면 시작이 조금 늦더라도 신중할 필요가 있어.

장사를 한다는 건 손님을 만난다는 건데 시작했다가 얼마 견디지도 못하고 바로 접으면 안 될 일이지.

손님과 장사를 하는 사람 사이의 신용이 중요한 거잖아?

비가 오든 눈이 오든 장사를 하고 있어야 사람들도 기억하고 찾아올 텐데…….

어느 날은 하다가, 어느 날은 안 하다가 해버리면 장사는 제대로 안 될 게 분명해.

또 예컨대 컵밥이라는 아이템이 네 적성에 맞는지도 봐야 해.

네가 제일 잘하고 익숙한 건지 심사숙고해야 하는 거지.

그 일을 할 때 네가 행복하고 즐겁게 할 수 있는지도 따져야 해.

근데, 네가 아까 한 말 말이야.

50퍼센트 이익률이 남는 장사가 뭐가 있을까 묻던 거 말이야.

나도 잠깐 생각해봤는데 그렇게 수익률이 높이 나오는 아이템은 찾기 힘들 거 같아.

왜냐고?

우선 지금 그런 아이템이 있다면 이미 사람들에게 소문이 났어야 하는데 그렇지 않잖아.

50퍼센트 이익을 남기는 장사를 비밀스럽게 혼자 하더라도 부자가 되면서 결국엔 소문도 나고 언론에 드러날 거거든.

그런 게 없으니까 따지고 보면 아직은 50퍼센트 이상 수익을 내면서 할 수 있는 장사란 거 없는 게 아닌가 싶어.

물론 50퍼센트 이익률 나는 장사가 있어, 그건 알아.

백화점에서 옷을 팔아도 원가에 비해서 소비자가는 엄청 높잖아.

그런 기준으로 50퍼센트 남는 이익 같은 거 말고, 네가 지금 할 수 있는 장사 중에서 50퍼센트 이익률 남기는 걸 말하는 거야.

백화점 장사가 궁금하다고?

그것도 계산상으론 수익을 50퍼센트 이상 남기지만, 한번 봐봐.

이익률을 많이 가져가는 백화점이라도 40퍼센트 정도 가져가는 거야.

백화점도 그 돈에서 인건비, 전기세, 시설비 같은 비용을 제하면 판매가 대비 40퍼센트는 고사하고 20~30퍼센트 정도 이익을 남긴다고 해도 잘하는 걸 거야.

내 생각엔 이익이 많은 장사를 고르기보다는 안정적으로 꾸준히 버는 장사가 좋을 거 같아.

너, 얼마 전에 여행 다녀오면서 환전하는데 환율이 올랐다면서 좋아했잖아?

출국할 때 바꿔서 나간 돈이랑 입국하면서 바꾼 돈이랑 비교했더니 돈 벌었다는 거…….

그런 것처럼 사람들이 반드시 필요로 하는 분야에서 안정적인 장사를 하면 어떨까 해.

네 생각은 어때?

다른 거 골라보라는 얘긴 알겠는데, 기껏해야 몇 원 오르고 내리는 환율로 무슨 장사가 되겠냐고?

물론, 처음에 적은 돈으로 할 수 있는 건 아냐.

그런데 부자들 중에는 환율 차이를 노려서 전문적으로 돈을 사고파는 사람들이 있어.

돈 바꾸는 게 무슨 시장이고 장사냐고?

아냐, 아냐.

환율시장이라는 것도 세계의 경제를 움직이는 큰 시장이야.

생각해봐.

단순히 환율 차이가 1원, 5원일 경우 환전하는 금액이 적다면 차익도 적겠지.

하지만 거래 금액 규모가 1억 원, 10조 원이라고 할 경우, 이익률은 엄청 커지잖아.

1억 원이 어디 있냐고?

내 말뜻은 그게 아니라 돈의 규모에 따라서 환율 차이를 노려보는 것도 큰 시장이라는 뜻이야.

장사를 한다는 건 돈의 가치를 주고받는 건데, 그런 의미에서 환율시장에 대해 알아두자는 말이야.

장사란 단순히 물건을 싸게 사와서 비싸게 파는 것이 아냐.

돈의 가치를 주고받는다는 기본 개념에서 시작해야지.

외국인들이 자주 들르는 시장에서 본 적 있을 거야.

가령, 남대문이나 동대문에서 환전해주는 사람들 있지?

이 사람들은 수억 원을 갖고 환전해주지.

환율 차이가 적게는 몇 원에서 크게는 몇 십 원이 나는 수도 있으니까 돈을 많이 벌어.

원화와 미국 달러의 차이가 1달러당 1,000원에서 1,100원이 될 경우, 1달러에 100원 차이가 나지.

만약 10만 달러를 원화로 바꾼다고 할 경우, 이익은 자그마치 100,000 곱하기 100으로 1천만 원이 되는 거야!

10만 달러를 원화로 바꾸기만 했는데 그 차익이 1천만 원이 생기는 거라고.

10만 달러가 얼마인가 하면 1달러에 1,000원으로 계산했을 때 1억 원이 되지.

환율이 오르기 전 1달러에 1,000원이었다면 10만 달러를 환전해서 1억 원을 받지.

환율이 오르면서 1달러에 1,100원이 된 거라면 10만 달러를 환전했을 경우 1억 1천만 원이 되는 거야.

순식간에 1천만 원이라는 거금이 생기는 거잖아?

1천만 원을 환전이라는 방법만으로 벌어들이는 거지.

이제 그 차이를 이해했니?

그렇다고 너무 좋아하지는 마.

우리가 바로 시작할 수 있는 일은 아냐.

정부나 은행들이 뛰어들어서 거래하는 시장이니까.

정부나 은행에서 돈을 사고파는 걸 하냐고?

그래, 그런 일을 하는 사람들을 외환딜러라고 부르지.

외환딜러들은 하루하루가 피 말리는 전쟁터 같대.

왜냐하면 은행이나 정부에선 외화를 너무 많이 갖고 있어도 안 좋고 너무 적게 갖고 있어도 문제거든.

그 틈에서 외화 보유량이 많을 경우엔 그 돈을 잘 굴려서 이익을 내야 하거든.

정부에서 외화를 많이 갖고 있다는 건 수출이 잘돼서 외화를 벌었다는 거야.

그걸 그대로 갖고 있기만 하면 외화도 가치가 수시로 변하는 거라서 자칫하다간 손해를 볼 수도 있지.

그래서 자꾸 사고팔고 하는 거야.

외화가 너무 없어도 문제가 된다는 건 알겠지?

외화가 없으면 물건을 수입해올 때마다 외화를 사서 결제해야 해.

그런데 수요가 늘어나는 거니까 외화 환율이 자꾸 올라가게 될 거야.

그럼, 외화는 그대로인데 우리나라 돈을 많이 주는 셈이니까 수입물가가 비싸지게 되고, 국내 경기는 물가가 오르는 현상이 생겨.

그래서 1990년 후반 우리나라에 외화 보유량이 줄어든 시기엔 1달러에 1,800원까지 오른 적도 있었어.

수입을 주력으로 하는 기업들에겐 망하라는 거나 다름없는 일이었지.

그래서 정부나 은행은 다른 나라와 외화 거래를 해.

그렇게 해서 적정한 환율을 유지하고 국내 물가를 유지하려고 하는 거야.

근데, 정부나 은행을 넘어서는 막강한 돈을 가진 펀드회사들이 있거든.

헤지펀드라고 하는 이런 회사들이 돈을 벌려고 작정하고 달려들면 힘들어져.

헤지펀드가 어느 나라를 공격하면서 외화를 자꾸 사들이거나 팔 경우엔 그 나라의 환율이 심하게 요동을 쳐.

그러면 물가가 불안해지면서 그 나라의 수출, 수입이 모두 힘들어지지.

결국 불안정한 환율을 틈타서 헤지펀드회사가 돈을 챙겨 떠나면 그 나라는 외화관리를 잘못한 바람에 오랜 시간 물가 잡기에 나서야 해.

물가가 불안해지면 국내 경기가 나빠지는데, 그러면 국민들이 경제 활동을 하기 힘들어지면서 부도 기업도 늘지.

자연히 취업률이 떨어지면서 나라 전체가 극심한 어려움을 겪게 돼.

취업률이 떨어지면 그만큼 정부에 세금이 줄어든다는 얘기잖아.

세금이 줄어들면 나라에서 일을 하기가 어려워지는 거지.

이제 알겠니?

장사란 돈의 가치를 주고받는 거, 그러니까 작은 장사란 없는 거야.

큰돈을 벌겠다고 이익률이 높은 장사를 찾기보다는 처음엔 네가 가진 돈 범위 내에서 가능한 장사를 시작하는 게 중요해.

작은 돈을 벌기 시작하면서 돈에 대한 두려움도 없애고 그렇게 큰돈을 벌 준비를 하는 거야.

스텝 바이 스텝, 부자로 가는 길

장사란 돈의 가치를 주고받는 거, 그러니까 작은 장사란 없는 거야.

큰돈을 벌겠다고 이익률이 높은 장사를 찾기보다는 처음엔 네가 가진 돈 범위 내에서 가능한 장사를 시작하는 게 중요해.

작은 돈을 벌기 시작하면서 돈에 대한 두려움도 없애고 그렇게 큰돈을 벌 준비를 하는 거야.

"수익률이 50퍼센트가 넘어.
나머진 하면서 다 해결돼!"
ㄴ사업 제안을 만들지 말고 듣는 데 집중한다

결심한 거야?

장사, 이제 시작하는 거야?

아이템은 골랐어?

위치는?

가게? 아니면 온라인쇼핑몰?

응?

이제 사업계획서를 쓸 거라고?

그래, 그것도 좋은 방법이야.

사업계획서를 쓰고 내 계획을 다른 사람들이 이해하도록 하는 것도 좋아.

네 계획을 미리 다른 사람들에게 검증받을 수도 있고 사람들은 이런저런 궁금한 점을 물을 테지.

그런 질문들에 대답하다 보면 너도 몰랐던 부분을 새롭게 알 수도 있어.

근데, 사업계획서는 어느 정도까지 완성했니?

다 쓰면 보여줄 거야?

아니면, 지금까지 만들어둔 사업계획서라도 보여줄래?

아, 이건 네가 수익률 얘기하던 그런 사업이구나?

제품 원가 대비 이익률이 50퍼센트가 넘네?

너의 그 끈기는 진짜 나도 배우고 싶다.

목표를 정하면 포기하지 않는 점이야말로 사업가에게 제일 중요한 거니까.

근데, 여기 사업계획서에 보니까 아직 아이템 선정은 결정 안 했구나?

우선 수익률부터 정해두고 그런 아이템을 쓸 생각이었다고?

그래, 네 생각은 알겠어.

그럼 염두에 둔 아이템은 있니?

내 의견?

요즘처럼 불경기에 잘 팔릴 아이템을 추천해달라는 거지?

글쎄, 뭐가 좋을까?

경기가 어려우면 설사약이 잘 팔린다는 얘기도 있잖니.

미니스커트가 잘 팔린다든가 원색의 화장품이 잘 팔린다는 말이 있긴 해.

왜 그러냐고?

원색 화장품과 원색 의류가 잘 팔린다는 건 아프리카 지역처럼 경제 여건이 다소 어려운 지역을 봐도 알 수 있어.

국민소득이 3만 달러 이상 되는 나라에는 원색 계열보다 무채색과 탁색이 주류를 이루지.

회색 도시로 상징되는 산업화 속에서 사람들도 자연스럽게 스타일을 맞춘 거지.

이에 비해서 경제 규모가 낙후된 나라는 오히려 원색의 아이템들이 인기 있어.

비전, 꿈처럼 부자가 되겠다는 희망이 영향을 주기도 하고 색이 혼합

된 생활에 익숙하지 않은 이유이기도 해.

사회가 발달할수록 여러 색상을 혼합해서 다양한 환경을 만드는데, 그렇지 않은 사회 분위기 때문이라는 소리야.

경기가 어려울수록 설사약이 잘 팔린다는 건 그만큼 스트레스가 늘어나니까 당연한 현상이지.

미니스커트가 인기를 얻는다는 건 여성들이 여성성을 강조해서 자신의 경쟁력을 강조하기 위한 심리적 변화라고도 해.

전반적으로 불경기라면 여성들이 자기의 경쟁력을 내보이며 심리적 위안을 찾으려는 거래.

남자들은 미니스커트를 입을 순 없으니까 대신에 큰 옷을 찾게 되고 말이야.

다운재킷이나 자신의 체형보다 큰 스웨터를 입으면서 덩치를 커 보이게 만드는 거야.

불경기라는 건 여자나 남자에게 심리적 위축감을 주는 게 맞나 봐.

심리적으로 위축되지 않으려고 옷으로 변화를 주는 거고…….

참, 경기가 어렵게 되면 잘되는 창업 분야가 있어.

그건 바로 창업을 도와주는 서비스 분야인데, 재밌지 않니?

경기가 어려운데 창업을 하려는 사람들이 늘어나는 거는 둘째 치고 창업하려는 사람을 도와주는 아이템으로 창업을 하는 거 말이야.

경기가 어려우면 사업을 하려는 부류가 생기고, 사업계획서 검색이 많아지지.

사업계획서를 잘 써서 투자를 받으려는 사람들이 늘어나면서 문서작성을 대행해주는 서비스가 인기를 끈다는 거야.

대부분 초보 사업가들이 많은 것도 원인으로 꼽을 수 있지.

사업계획서가 뭔지, 어떻게 쓰는지 모르는 사람들이 많거든.

이럴 때 사업계획서 작성을 도와주는 사업이 요긴하겠지.

실제로 창업자들이 찾아가는 투자자문사, 투자금융사 등 창업 자금을 빌려주는 제도권 기관의 경우엔 자기 입맛에 맞는 사업계획서를 선호하거든.

창업 초보나 사업을 막 시작하려는 사람들이 작성한 사업계획서에서는 투자전문가들이 원하는 충분한 정보가 없게 마련이야.

창업서비스를 해주는 곳에서 만드는 사업계획서엔 이런 부분들이 빠짐없이 채워진다는 거야.

그것도 창업하려는 사람의 아이템에 따라서 투자계획이나 초창기 사업 방향은 물론이고 인사관리, 재무관리, 시장 진입전략, 사업의 장단점, 투자금 대비 수익전환 시점 등등 투자자들이 원하는 필요한 정보가 빽빽하게 들어가는 거지.

불경기에 호경기를 맞이하는 창업서비스 업체라니…….

세상사가 어쩌면 사람들의 필요를 채워주면서 이뤄지는 거 같다는 생각이 들어.

너도 안다고?

아, 투자를 받으려고 갔었구나?

어땠어?

사업계획서를 써서 갔더니 뭐라고 하니?

그래?

그 투자 회사의 사업계획서를 인터넷에 올려두고 그걸 다운로드 받아서 작성해 오라고 한다고?

맞아, 요즘엔 그런 경우도 많다고 하더라.

근데 그것도 쉽지 않지?

맞아.

안 해본 사람들에겐 그림의 떡이야.

그래서 결국엔 또다시 전문가를 찾게 되는 거 같아.

내 생각엔 네가 이렇게 하면 어떨까 싶어.

사업계획서 때문에 고민하고 작성 방법을 찾느라 고생하지 말고 처음엔 듣기만 하는 건 어때?

사람들을 만나서 네가 하려는 사업을 얘기하고 의견을 구하는 거야.

계획서를 작성하는 대신 수첩이나 간단한 계획만 정리해서 사람들에게 보여줄 걸 만드는 거야.

종이 한 서너 장?

아니면, 종이 한 장이라도 상관없어.

네가 하려는 사업을 가장 잘 나타낼 수 있는 그림이나 설명을 적어도 돼.

사람들이 그걸 보고 네 생각을 이해할 수 있게만 하면 되는 거야.

그러면 네가 만나는 사람들은 너에게 여러 이야기를 해줄 거야.

관심 없는 사람도 있을 거고, 네 사업에 관심을 갖는 사람도 나타날 거야.

아마 대부분의 사람은 네가 하려는 일에 관심을 안 둘 거야.

그렇다고 네가 좌절하거나 실망할 건 아냐.

오히려 거기서 배우는 거지.

사람들이 네 이야기에 관심을 갖지 않는 이유를 파악해야 해.

어쩌면 네 사업이 사람들에게 반응을 얻지 못할 수 있다는 뜻도 되거든.

또 그 사람들이 사업이라는 것에 관심이 없다는 뜻도 되고.

사실, 사업 자체에 관심이 없는 사람들이 많아.

직장생활 열심히 하고 정년퇴직해서 여행 다니려는 사람들도 의외로 많아.

그런 사람들을 제외하곤 네 계획을 듣고도 반응이 없는 경우라면 아이템을 다시 생각해야 하는 거야.

네가 만난 사람들이 결국 네가 하려는 사업의 고객의 될 거거든.

그런데 네 계획을 들려줬는데도 시큰둥하고 별 반응을 보이지 않는다면?

그건 네 사업 자체에 문제가 있다는 뜻이야.

그럼 네가 할 일은?

맞아, 빨리 찾아서 보완·수정하는 작업을 해야 해.

사람들이 네가 하려는 사업에 관심을 갖게 만들어야 해.

"맞아! 그런 걸 나도 찾고 있었어!"

"정말 나한테 꼭 필요한 서비스야!"

"네가 그 일 시작하면 내가 첫 번째 고객이 될게."

이런 반응이 나오도록 사업계획을 다듬어야 하는 거지.

기껏 사업계획서를 준비해서 만났는데 투자자가 관심을 안 보인다고?

네 계획을 듣는 사람들이 잘 이해하지 못하는 반응을 보인다고?

네가 하려는 사업이 정확히 뭔지 잘 모르겠다는 반응이 나온다고?

그럼, 넌 그 사업을 다시 처음부터 짜야 해.

사람들에게 익숙하지 않은 것, 새로운 건 어려운 사업이야.

사람들은 익숙한 것에 돈을 쓰거든.

잘 모르는 것에는 선뜻 지갑을 열지 않아.

사람들은 자기가 원하는 것을 얻기 위해서만 돈을 쓴다는 걸 알아야 해.

"그거 잘만 하면……. 좋은 사업이야."

"네가 하려는 일, 성공하길 바랄게."

네 이야기를 들은 사람들이 이런 대답을 해준다면, 넌 빨리 사업계획을 다시 짜거나 새로 만들어야 해.

사람들은 자기에게 꼭 필요한 이야기를 들으면 이런 반응을 보이며 바로 지갑을 열기 때문이야.

"나한테 먼저 팔아."

"그거 정말 필요한데, 나한테 줘."

성공으로 가는 창업의 첫걸음은?

사업계획서 때문에 고민하고 작성 방법을 찾느라 고생하지 말고 처음엔 듣기만 하는 건 어때?

사람들을 만나서 네가 하려는 사업을 얘기하고 의견을 구하는 거야.

계획서를 작성하는 대신 수첩이나 간단한 계획만 정리해서 사람들에게 보여줄 걸 만드는 거야.

"세상이 날 버렸어. 난 뭘 해도 안 돼!"
ㄴ 세상이 여자를 몰라줄 때

하는 일마다 다 안 된다고?

그게 아냐.

넌 하는 방법을 모를 뿐이야.

네가 왜 가난한지 아니?

두 가지 이유가 있어.

하나는 네가 얼마 전에 큰돈을 벌어봤기 때문에 지금 가난한 거야.

또 다른 하나는 네가 똑똑하기 때문에 지금 가난한 거야.

먼저, 큰돈을 벌어본 사람인데 왜 가난하냐고?

큰돈을 벌어본 사람은 자기 감옥에 긴혀서 쉽게 빠져나오질 못해.

'내가 이 돈을 벌어본 사람인데'라는 고정관념 속에서 모든 일을 판단
하거든.

'내가 이런 직업을 가졌던 사람인데'도 마찬가지야.

자기 고정관념에 속에서 다른 일을 판단해버리지.

생각해봐.

가난한 너한테 귀인이 왔어.

널 부자로 만들어줄 사람이야.

네가 할 일은 그 사람이랑 일하면서 마음을 열고 배우는 거야.

그런데 넌 또 네 고집대로 그 사람을 판단하는 거야.

그 사람 의견에 따라 네 행동을 고치고 네 태도를 바꿔야 하는데, 넌 오히려 도와주러 온 사람을 네 기준으로 판단하고 재단하기 시작했어.

넌 가난한데, 너의 가난한 잣대로 네가 되어본 적 없는 부자를 재단하는 거야.

그게 가능하겠어?

넌 여전히 가난해지는 길만 골라서 가는 거지.

네가 지나치게 똑똑한 것도 마찬가지야.

넌 항상 불타는 지식 욕구에 신문도 읽고 책도 볼 거야.

뭐든 다 안다고 자만에 빠지기 시작하지.

남자를 봐도 우습고, 여자를 봐도 시시해.

하지만 이건 하나도 도움이 안 돼.

네가 고른 책은 네가 원하는 지식만 채워주면서 널 고집쟁이로 만들 테니까.

결국 넌 네 가치관을 기준 삼아서 다른 사람을 판단할 거야.

그리고 넌 네 가치관이 흔들리는 순간, 네가 판단착오를 했다고 여기는 순간, 슬럼프에 빠지게 되지.

다시 빠져나오는 것도 어렵지만, 그것조차 넌 혼자서 하려고 들지.

그게 네가 여전히 가난한 이유야.

뭐든지 네가 판단하고 네 마음대로 하거든.

다른 사람 말을 안 듣잖아?

다른 사람 말을 듣더라도 결정은 너 혼자 하지.

말하자면, 뭐 이런 식인 거야.

'여러분의 의견을 존중해서 내 맘대로 결정할게요.'

그럼 어떻게 해야 할까?

여기 봐.

레스토랑에서 커피를 마실 때 진열대에 놓인 치즈케이크가 보여.

그럼, 네가 치즈케이크를 달라고 하면 치즈케이크가 나오지?

말이란 이런 거야.

네가 아는 걸 말하는 대신 다른 사람의 이야기 듣기를 먼저 해야 해.

네가 판단하지 말고, 그 사람의 이야기를 듣고 진행 상황을 보는 거야.

네 생각은 절대 밖으로 말하지 마.

속으로 생각하는 건 괜찮아.

절대 말하지만 마.

너 얼마 전에도 아르바이트하다가 싸우고 나왔잖아?

최저임금이 너무 적다며 올려달라고 했지?

대학까지 나온 네가 시간당 최저임금 받아가며 일하는 게 자존심 상한다며…….

그래, 네 밑대로 노동자 인권보장 중요하시.

하지만 최저임금이 왜 낮은 줄 알아?

뉴스에서 봤을 거야.

정부와 기업단체장들이 모여서 어렵게 협상해서 기껏해야 최저임금 몇 백 원 올리는 거, 그 이유 알아?

생각해볼까?

대기업 집단에 속하는 A기업 종업원이 1만 명이라고 해봐.

한 시간 최저임금 1,000원 올려주면 하루에 8,000원이야.

일주일이면 56,000원이고, 한 달이면 20만 원이야.

10,000명 곱하기 20만 원 해봐.

20억 원이야.

1년이면 240억 원이겠지.

그럼, 종업원 10,000명인 곳에서 시간당 최저임금 1,000원 올려주면 연간 240억 원의 비용이 추가 발생해.

이 돈 어떻게 만들 거야?

240억 원 벌려면 영업이익 10퍼센트 이익률 생각해봐도 2,400억 원 벌어야 해.

너라면 그 돈 어떻게 벌겠어?

요즘처럼 시장 상황 안 좋은데, 연간 2,400억 원을 벌어야 최저임금 1,000원 올려줄 수 있어.

근데 문제는 기업이 성장을 해야 한다는 거잖아.

신규 먹거리를 찾아야 기업이 성장하는데 그것도 못 찾으면서 최저임금 올려줘야 하니까 인건비만 더 내라고 하면 어느 기업이 따르겠어?

그래서 대기업은 정치권에 힘들다고 얘기하는 거고, 최저임금은 많이 오를 수가 없어.

네가 최저임금 따지는 직업을 갖는 동안은 영원히 가난할 수밖에 없는 거야.

부자가 되려면 넌 최저임금에 상관없는 직업을 갖든가 사업을 해서 돈을 벌어야 해.

그거 아니?

현재 부자들은 네가 절대로 새로운 부자가 되길 원하지 않아.

부자는 가난한 사람이 있어야 부를 유지할 수 있거든.

그래서 부자들 보고 이기주의라고 말하는 사람들이 많아.

자기밖에 모르고, 가난한 사람들을 업신여긴다고 말이야.

그건 부자들이 가난한 사람을 업신여기는 게 아니라 그들이 교육을 그렇게 받아서 그래.

부자들은 가난한 사람에게 일을 주고 돈을 주는 생활에 익숙하거든.

다른 사람에게 돈을 받아가며 일을 해본 적이 거의 없어서 그래.

응? 넌 부자가 되더라도 다른 사람 배려하며 같이 성공하는 삶을 살겠다고?

그래, 그건 좋은 생각이야.

근데, 이건 알아두자.

부자는 냉정하게 돈을 관리하는데, 가난한 사람은 자꾸 의리를 따지네? 사람 나고 돈 났지?

물론이지. 하지만 돈이 필요하지.

가난한 사람은 자꾸 위로를 받으려고 해.

왜 그럴까?

착해서 가난한 게 아니라 가난해서 착한 거거든.

그 이유는?

가난하면 자유의 범위가 줄어.

돈이 있는 만큼 자유가 생기는 거라는 소리지.

워런 버핏 아저씨도 그러잖아.

내가 하고 싶은 일을 할 자유를 주는 게 돈이라고.

가난하면 돈을 벌어야 하고, 돈을 벌려면 자존심을 죽여야 해.

자존심 내세울 거 다 내세우면 누가 너한테 돈을 쓰겠어?

맞아, 그런 사람들 있어.

자존심 죽이며 돈을 벌다가 어느 정도 벌면 자존심 세우는 사람들도 있지.

여기서 문제가 100퍼센트 생기지.

어렵게 일군 사업이 망하고, 그 사람은 벌어둔 돈을 낭비하기 시작하더라.

개같이 벌어서 정승같이 쓰는 게 아냐.

개같이 벌어서 안 쓰는 거야.

부자가 되려면 계속 벌기만 하는 거야.

그게 돈이고 부자가 되는 거야.

부자는 낭비하질 않는다고 하지?

맞아.

부자는 돈을 쓸 시간이 없다는 소리야.

부자가 돈을 쓰는 유일한 시간은 신문에 나고 방송에 날 때야.

명예가 생기고, 홍보가 돼서 또 돈이 되는 거거든.

부자는 명예에 약하다고 했지?

학력 높다고 하면 부자들은 일단 어울려주거든.

부자=학력=돈=명예거든.

꿈꾸는 다락방이라는 책 샀니?

시크릿은 샀니?

그 책, 부자들이 샀을 거 같니?

부자들은 안 사.

오로지 부자가 그 책을 사는 이유는 사람들이 왜 그 책을 읽는지 알고 싶기 때문이야.

사람들이 원하는 걸 알아서 거기서 돈을 벌려고 하는 거지.

꿈꾸는 다락방은 성공하고 싶은 사람들만 샀어.

부자들은 꿈을 꾸지 않아. 현실에 충실할 뿐이라서…….

요즘 인기 얻는 명강사가 있대.

사람들에게 조언을 해주며 인기 구가 중이래.

그런데 내가 보기에 그 사람은 나쁜 사람이야.

사람들이 뭐를 원하는지 듣고 싶은 말만 해주는 거니까.

그 사람이 너한테 나쁜 말을 해준 적 있니?

그런 사람들은 상대가 듣기 원하는 말만 골라서 해줘.

그게 그 사람의 돈 버는 방식이야.

부자들이 그 사람 이야기를 들으려고 할까?

부자들은 안 들어.

그 사람 부르려면 돈을 줘야 하거든.

부자들은 이야기 듣자고 돈을 쓰지 않아.

바쁘다는 명강사, 그 사람 가정을 봐.

명강사의 자녀로 산다는 게 쉬운 게 아냐.

자녀들은 엄마기 집에 없는 게 슬픔이야.

아빠가 바쁜 게 슬픔이야.

근데, 그 아빠랑 그 엄마는 자기 애들에게 참으라고 해.

바빠야 돈 번다고…….

뭐가 답이야?

애들이 자기 방에서 울어.

밖에서 명강사면 뭐해?

자기 아이들에겐 바쁜 엄마, 아빠인데…….

이게 답이야?

사실, 부자가 될 필요는 없어.

국민이 다 부자가 된다고 생각해봐.

가정부는 누가 할 거야?

운전기사는 누가 하고?

페인트칠은 누가 하며 집은 누가 지을 거야?

미국에 가봤어?

허드렛일 누가 하니?

호주나 뉴질랜드에 가봤니?

소똥은 누가 치우니?

그래서 모두 부자가 된다는 건 말이 안 돼.

다만, 모두가 만족하는 사회가 되어야 하지.

하는 일마다 다 안 된다면?

네가 아는 걸 말하는 대신 다른 사람의 이야기 듣기를 먼저 해야 해.

네가 판단하지 말고, 그 사람의 이야기를 듣고 진행 상황을 보는 거야.

네 생각은 절대 밖으로 말하지 마.

속으로 생각하는 건 괜찮아.

절대 말하지만 마.

"차가 뭐래? 집은 몇 평인데? 강남?"
ㄴ상대방이 명함 주고받는 법부터 살펴봐!

미팅 잘했어?

어땠어?

좋은 사람 나왔어?

궁금해, 빨리 얘기해봐.

어떤 사람? 아직 모르겠다고?

처음 만났는데 느낌은 좋은 거 같아서 몇 번 더 만나볼 생각이라고?

그럼, 나빴다는 건 아니네.

네 감정이 그랬다면 좋은 사람이길 바랄게.

기대된다.

근데 왜 얼굴에 아직 불편한 기색이 있어?

다음 주에 만나기로 했다며?

아직 모르겠다고?

그냥 느낌은 나쁘지 않은 거 같아서 만나기로 했을 뿐이라고?

아하!

그래, 알겠어.

사람이 한눈에 딱 보고 이 사람이 어떤 사람인지 알아낼 수 있으면 얼마나 좋겠냐는 거지?

하지만 그게 불가능하니까 여러 번 만나도 보고 서로에 대해 알아가는 거 같아.

오히려 만나면서 변하는 사람도 있고 상대방이 좋으면 자기 꿈도 바꾸는 사람이 있으니까.

느낌이 나쁘지 않다면 만나보면서 알아가는 시간을 가져도 괜찮을 거 같아.

넌 좋은 사람이니까 네 주위엔 항상 좋은 사람들만 올 거라고 믿어.

맞다, 사람들은 겉모습과 다르게 속마음이 다 다르다고 하더라.

이런 사람들 있는데, 혹시 그 사람도 포함되는지 맞춰볼래?

스타일이 은둔자족형인 사람이야.

나 혼자 직장 다니면서 평범하게 살면 된다고 생각하고, 친구는 한두 명만 있으면 되고, 월급만 제때 나오면 된다고 만족하는 사람……. 이런 사람들은 세상일엔 무관심해.

반드시 중매나 선을 보겠다고 다짐하는 사람이라고 할까?

나이트클럽이나 술집 같은 데 절대로 가기 싫어하고 오로지 사람을 통해 사람을 만나겠다고 고집 피우는 사람들이 그래.

다음은 적극개방형 스타일인 사람들.

다른 이들과 교류를 중시하면서 내 지갑 열고 일단 베풀고 돈을 쓰면서 사는 사람들이야.

돌발적으로 다른 사람들 뭐 하나 전화하고 전화가 안 되면 문자 보내서 만나자고 하는 사람이야.

그 사람 개인적으로는 굉장히 내성적일 수 있는데, 겉으로 보기엔 사교적이고 성격도 쾌활한 사람이야.

날마다, 하루하루를 사람들과 만나 서로 어울리며 사는 사람이지.

월급은 나오면 좋고, 안 나오면 사장 처지 이해해주려는 입장이고.

사람이란 의리에 죽고 산다고 믿는 사람이야.

그런데 이런 사람들의 안타까운 점은 내 통장, 내 가정이 가난하다는 것이라고 할까?

이런 사람, 강철금고형 스타일인데 들어봐.

이런 사람들은 내 돈은 절대 안 쓴다고 다짐하는 유형이야.

다른 사람 의견?

내 돈 안 쓰는 것처럼 그런 것도 절대 안 들어.

독불장군, 돈키호테의 막무가내 스타일이랄까?

직장에서도 자기가 주도하는 일을 하고 싶어 하는 사람이지.

다른 사람들이 대부분 잘못했다고 여기면서 나만 옳다고 생각해.

세상 사람들이 왜 그렇게 어리석은지 한심하다고 여기면서 '썩소'를 잘 날리지.

이런 사람들에게 큰 특징이 있어.

내 애인만큼은 내 말을 잘 듣는 사람이어야 한다고 생각하는 거야.

이런 사람한테 잘못 걸리면 헤어나기 어려워.

한편으론 적극노출형 스타일의 사람도 있어.

누구를 만나든 간에, 처음 만난 사람이든 아니든 자기 얘기를 잘해.

나 이렇게 살아!

나 가진 것 이만큼이야!

나 이 정도뿐이야!

툭하면 자기 노출로 대인관계를 시작하려는 사람이야.

자기 말로는 상대방을 배려한다고 생각하면서 자기 자신을 먼저 밝힌다고 하지.

하지만 오히려 그 사람 이야기를 듣는 상대방이 불편해할 경우가 더 많아.

자신을 밝힌 이 사람은 반드시 상대방에 대해 자신이 공개한 정보보다 더 많은 정보 공개를 요구하거든.

상대방이 자기에게 숨기는 게 있다고 생각하면 그 순간 날카롭게 변해.

겉으론 투정부리듯 말하더라도 속으론 벌써 차단막을 치는 사람들이야.

재미있는 스타일인데, 즉석만남형 사람들도 있어.

만나서 일단 맘에 들면 "우리 사귀자" 하는 타입이지.

일단 사귀고, 스킨십 진행하면서 엄청 친한 척하긴 하는데 다른 이성 생기면 또 그 즉시 헤어져.

왜냐고?

지금 사람을 그렇게 만났으니 헤어지는 것도 똑같은 거지.

이 사람 입장에선 사람을 만나고 헤어지는 게 다를 게 없는 거지.

그만큼 스스로 '쿨하다'고 착각한다는 게 문제야.

이 사람에겐 만날 상대는 많고 자기는 항상 똑같이 잘 대해주는데 상대가 내 마음을 몰라줘서 떠난다고 말해.

경제적인 관념도 문제가 없는 건 아니지.

애초부터 금전관계에 대해 진중한 생각은 없어.

내가 있으면 내가 쓰고, 내가 없으면 상대가 써야 한다고 여기지.

그러다가 나중엔 내가 있어도 상대가 써야 한다고 여긴다는 게 문제야.

조용한 사람인데, 묵언수행형 스타일이 있어.

자기 얘기는 죽어도 안 하는 사람이야.

들어주기는 잘하는데, 자기 얘기는 절대 안 하지.

남의 얘기 잘 듣고, 남이 하자는 대로 하는 사람이야.

주위에 친구는 많은데, 주로 고민 얘기 털어놓으려는 사람들만 몰려.

이 사람?

자기 지갑도 안 열어.

사람들이 자꾸 먼저 연락해서 만나자고 하는데 굳이 자기 지갑 열고 돈 쓸 일 없거든.

주위에 사람들이 많다 보니까 사람 귀한지 잘 모르는 경향이 있어.

다른 사람이 연락해야 만나고, 자기가 먼저 연락해서 약속 잡은 일은 없는 스타일이야.

술도 권해야 마시고, 건배 제의도 안 하는 걸로 구별되는 사람이니까 잘 살펴봐.

이 사람의 문화생활에도 일관된 모습이 있어.

책도 인기 있는 책만 고르지.

어쨌든 비밀이 진짜 많은 사람이라서 주의해야 해.

자기 얘기를 꺼내는 순간 너한테서 떠나살 수 있는 사람이니까.

익숙하지 않은 상황에선 어떻게 해야 할지 모르기 때문에 그런 거야.

공부에만 치중하는 사람도 있지?

스펙 쌓기형 스타일이야.

자기 잇속을 위해 사람을 만나려고 하는 사람들이 이 부류에 속해.

애초부터 사람이란 이익이 있어야 만나는 거라고 생각해.

자기가 판단해서 도움이 안 되거나 건질 게 없는 사람이라면 절대 안 만나.

자기가 판단하고 나서 자기 인맥에서 제외된 사람에게 연락이 오면 바쁘다, 야근이다 등등 온갖 핑계를 대며 거짓말을 하지.

그러다가 자기가 필요하면 불현듯 전화해서 만나자고 하는데, 이럴 때 만나보면 영락없이 부탁하기에 바빠.

진짜 재수 없는 스타일 중 하나지.

열정적인 사람으로, 온몸불사형 스타일이 있어.

일단 자기랑 만난 사람이라면 나이 확인해서 바로 형, 동생, 누나, 언니 서열을 정해.

모임의 대화를 자기가 주도하려고 하지.

술자리가 있으면 자기 목소리 크게 내면서 건배 제의도 많이 해.

이런 사람이랑 만나서 보면, 딱 이미지가 제한적인데 주로 시끄럽다는 거야.

모임 자리를 2차, 3차 이어가면서 리더가 되는 사람들이야.

그렇게 친해지면 나중에 거리낌 없이 돈도 빌려달라고 하는 게 문제야.

이 사람 입장에선 그 만남 이후로 서로 친밀한 관계가 되었다고 생각하거든.

근데 이런 사람은, 집에 가면 가족들에겐 엄청난 권위주의자로 돌변하는 성향이 있어.

직장을 그만둬도 폼 나게, 놀아도 백수로 폼 나게 놀려고 하는 게 특징이지.

다음은 상처수집형 스타일이야.

오로지 사랑이라는 단어로 모든 걸 치장하고 어떤 고난도 감내하려고 드는 사람들이야.

이성이 속이고 사기를 쳐도 "난 너를 사랑해" 하며 이해하려고만 하는 게 문제야.

만나는 상대에 대해 불신이 생기거나 미운 감정이 들면 자기 자신을 탓하는 스타일이라서 어떻게 보면 불쌍해.

무슨 문제가 생길라치면 '내가 진정으로 상대를 사랑하지 않았구나', '내가 나쁜 사람이구나' 하고 생각하지.

오로지 자기학대에 치중해버리는 사람이야.

상처에 익숙하다 보니까 상처를 받는 그 순간이 오면, 이번에도 내가 상처받겠다고 각오하는 스타일이야.

이런 모든 스타일을 모아서 섞은 종합세트형 스타일이 있어.

위에 소개한 유형을 모두 갖춘 사람이지.

이런 사람은 어디로 튈지 아무도 모른다는 게 특징이야.

자기 자신도 모르게, 그날그날 감정에 휘둘리는 사람이 많아.

사람들과 모여서도 재미없는 농담인데 자기는 재미있다고 생각하기도 해.

그만큼 사람들과 대화할 때도 위트와 악담의 차이를 모르는 게 문제야.

자기가 재미있다고 생각하면 상대방이 마음에 상처를 받더라도 그냥 말하는 스타일이지.

세상은 나를 중심으로 돌아간다고 여기는 사람이야.

무슨 일을 할 때도 '모 아니면 도'의 정신으로 살아가는데, 언제나 불완전한 자기 지식을 항상 완전하다고 착각하는 사람이야.

정리해놓고 보니까 사람들 스타일이 저마다 다르지 않아?

이렇게 많은 사람이 각양각색의 인생을 살아가는 게 세상인 거 같아.

어찌 되었든 우리는 사람들과 관계를 맺으면서 살아야 할 존재잖아?

같은 시대, 같은 시간을 보내는 주위 사람들에게 오늘 따뜻한 말 한마디, 격려 한마디를 해주는 게 좋겠어.

갖가지 스타일을 아우르는 인간관계법?

사람들 스타일이 저마다 다르지 않아?

이렇게 많은 사람이 각양각색의 인생을 살아가는 게 세상인 거 같아.

어찌 되었든 우리는 사람들과 관계를 맺으면서 살아야 할 존재잖아?

같은 시대, 같은 시간을 보내는 주위 사람들에게 오늘 따뜻한 말 한마디, 격려 한마디를 해주는 게 좋겠어.

26day.
에이미의 토마토주스

“차 막혀서 늦어. 어디 들어가 있어.”
ㄴ, 약속 시간 10분 전엔 도착하는 여자

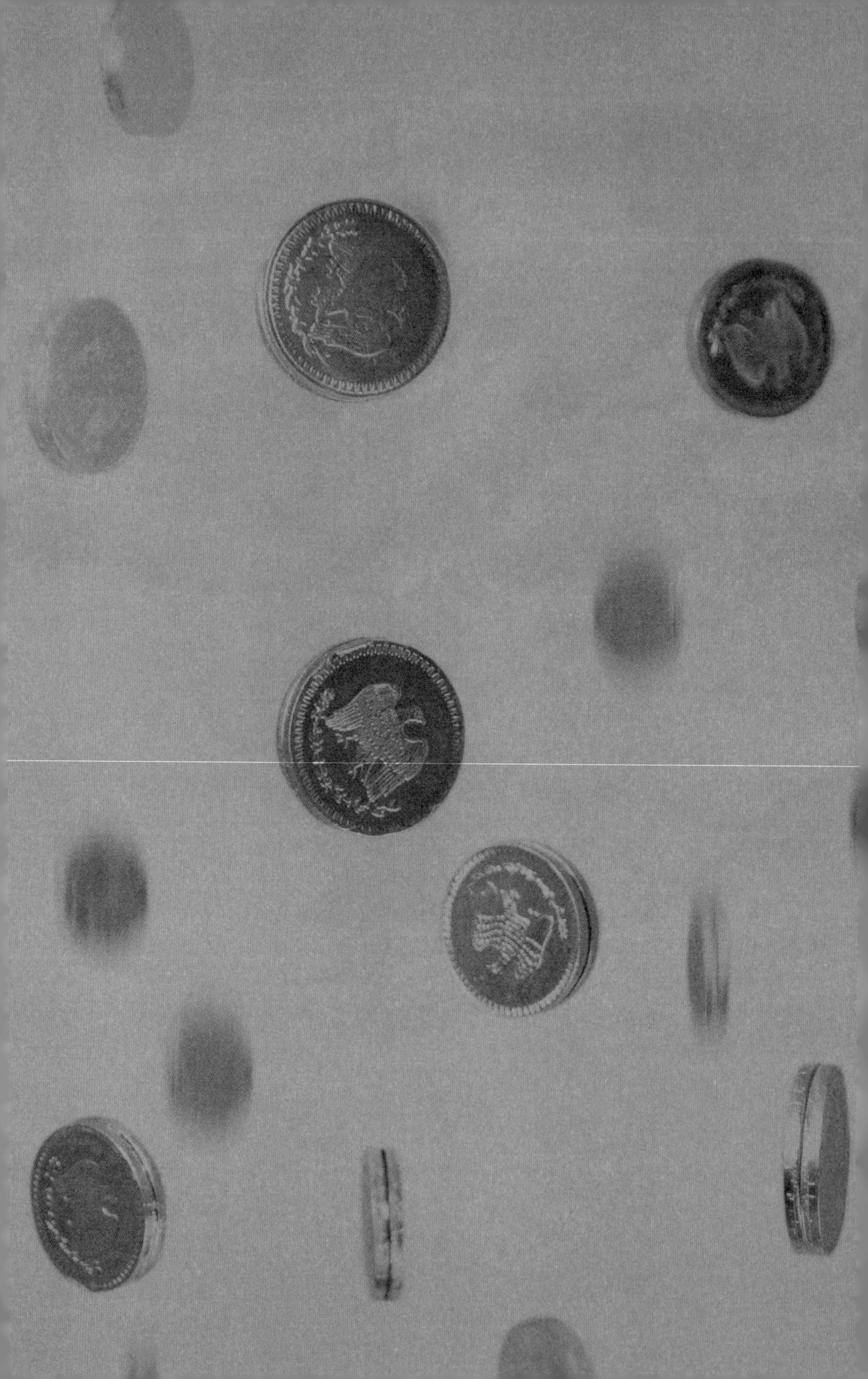

요즘 영화 본 적 있어?

재미있다고 광고하는 영화들은 많은데 나는 잘 모르겠어.

극장에 가본 지 진짜 오래된 거 같아.

이야기 나온 김에 영화 보러 갈래?

남자 빼고 여자끼리 가도 재미있잖아.

팝콘도 사고 콜라도 사서 스트레스 풀고 오자, 어때?

그러면 좋긴 한데, 무슨 영화를 볼지 걱정이라고?

하긴 상영하는 시간대가 애매하긴 하네.

난 저녁 시간이 편한데…….

영화 보고 난 후에 집에 가려면 또 힘들고…….

그냥 집에서 쉬는 게 편하긴 하다, 그치?

난 혼자 영화 보는 거 좋아하긴 하는데, 아침에 조조영화 보러 가면 커다란 극장에 나 혼자 있는 경우도 있어서 무섭기도 해.

그래도 영화는 보면서 살고 싶은데, 딱히 볼 만한 영화가 있는 것도 아니고…….

우리가 영화 좋아하는데도 이렇게 귀찮다고 하는 거 보면 영화배우들도 참 기운 빠질 거야, 그치?

영화배우를 뭐 개인적으로 아는 건 아닌데, 생각만 해도 어쩐지 좀 미안한 느낌이네.

영화배우 되는 거 진짜 힘들잖아?

너도 알지?

한 해에 극장에 걸리는 한국영화는 대략 50여 편 정도거든.

근데 막상 기억하려고 하면 기억나는 게 없어.

영화 리스트를 봐도 기억나는 영화는 몇 편인지 손가락으로 꼽을 정도고…….

아마 열 손가락 안에 들 거야.

근데, 극장에 상영한 영화라고 해도 일주일 간판 걸었다가 기대 관객 수에 미치지 못해 내려진 작품들이 많잖아.

영화가 상영되는 것도 모르다가 소식 듣고 가려고 하면 내려진 영화도 있더라고…….

대작이라든가 스타가 나오는 영화는 오래오래 상영하던데 말이야.

극장 관계자 마음에 안 드는 영화는 살짝 상영했다가도 빨리 내리는 거 아닌지 몰라.

왜 그런 생각도 해보잖아?

극장 상영 담당자인데 나랑 친한 배우가 출연한 영화는 오래 상영하고 나랑 안 친한 배우가 나오는 영화는 빨리 내리고 뭐 그러는 거…….

아니겠지?

근데 진짜 한 해에 국내에서 제작되는 영화들이 너무 적은 거 같아.

영화배우들이 엄청 많은데, 영화 제작 편수가 적으니까 출연 못한 배우들은 힘들잖아.

무대가 있어야 자기 재능을 보이고 끼를 보일 텐데…….

무대가 아예 없거나 너무 적으면 영화배우라고 해도 어디 얼굴을 내밀 수가 없으니까.

한 해에 영화나 드라마 제작 편수가 몇 편이나 되는지 궁금한데, 생각해볼까?

계산하기 편하게 TV 드라마에 출연할 우리나라 배우를 보자.

넉넉하게 생각해도 1년에 100편 정도에 지나지 않을 거 같아.

주말 연속극, 월화 드라마, 수목 드라마, 특별제작 드라마가 있다고 해도 지상파 3사에서 만드는 게 1년을 52주로 계산해서 16부작, 50부작 정도잖아?

그럼 100여 편밖에 안 돼.

어느 기사에서 보니까 연기 수업을 받는 사람들 중 8만여 명이나 되는 사람들이 배우로 활동한다더라.

그중 100명만이 주인공 자리를 꿰찬다는 이야기 아냐?

도대체 경쟁률이 몇 대 몇인 거야?

확률이 자그마치 약 1/800이다.

0.00125퍼센트의 가능성이네?

1,000명 중에 한 명이 드라마 주인공 자리를 얻는다는 게 진짜일 줄이야.

참, 그런데 이렇게 좁은 무대인데도 실제 배우들 중엔 진짜 배우를 찾기 어렵다고 하더라.

전에 우연히 만난 연예계 사람한테 들었는데, 감독이나 제작자들은 항상 좋은 배우를 찾는 데 목말라 있대.

배우를 하겠다는 사람들은 많은데, 진짜 배우가 될 만한 인재를 찾기가 어렵다는 소리지.

그래서 인기를 얻고 뜬 스타급 배우가 나오면 계약일 관계없이 각 기획사에서 서로 데려가려고 난리를 치는 거고.

스타급 배우 찾기도 어렵고 만들기도 어려우니까 누군가 배우를 만들어놓으면 웃돈을 주고서라도 서로 데려가려고 한다는 거야.

신기하지?

난 기획사나 연예인 엔터테인먼트만 들어가면 다 스타가 되는 줄 알았어.

근데 스타 되기가 어렵다고 하고, 기획사들도 서로 경쟁한다는 걸 들으니까 이 세계도 만만치 않은 곳인 거 같아.

그런 말도 하더라.

신인을 캐스팅하려고 만나서 보면 준비 안 된 사람들이 많아 기가 막힐 때가 많대.

한 살이라도 나이가 어렸을 때 빨리 뜨겠다는 생각을 가진 사람들이 많다는 거야.

연예계도 다른 사회 분야처럼 선배와 후배가 존재하는데, 선배가 만드는 사회에서 후배가 이어나가는 거거든.

근데, 요즘엔 외모만 괜찮다 싶으면 무조건 배우가 되려고 한다는 거야.

머릿속이라도 좀 채우고 나왔으면 하는데 머리 빈 사람들이 부지기수라는 거지.

연기란 흉내 내는 게 아닌데, 신인이라고 해서 만나보면 그 사람 눈빛에서 가짜 티가 팍팍 난대.

마음속에서 우러나야 진짜 연기이고 배우가 되는 건데 흉내만 내려고 한다는 거지.

얼굴을 무기(?)로 예쁜 척만 하려는 사람들이 나오니까 문제라고 하더라고.

또 어떤 사람은 집 형편이 어려워서 연예인이 되어 돈 벌겠다고 나온대.

그런 건 옛날에나 통했던 거지.

집안 사정 어려운 사람이 연예계 나와서 뜨고, 돈 벌어서 집안 빚 갚는다는 이야기?

이런 거 이젠 없다는 거지.

배우 지망생과 미팅하다 보면 그런 사람들 나와서 할 말을 잃게 만든대.

사실 알고 보면, 연예계에서 공개되는 모든 이야기는 진짜가 아닐 가능성이 95퍼센트 이상 되거든.

TV나 영화에서 보이는 모습은 철저히 연출된 가짜라는 거지.

하지만 가짜를 연출하려고 해도 그 사람의 정신 상태가 진지한 배우가 되겠다는 생각이 아니라면 가짜 티가 나게 연기한다는 게 문제래.

연예계에서 스타는 만들어지는 거라지만 자기가 보기에도 도저히 불가능해 보이는, 배우가 되선 안 될 사람들이 너무 많다는 거지.

심지어 첫 미팅인데도 약속 시간에 늦거나 일방적으로 약속 취소해버리는 사람도 많대.

여섯 시에 미팅하기로 했으면 최소한 10분 전엔 나와서 기다리는 게 예의인데…….

여섯 시 정각에 미팅 안 오겠다고 문자 하나 보내고 사라지는 사람도 많고 아예 연락도 없이 안 나타나는 사람들도 많다더라.

어떤 사람은 병원에 있다고 핑계 대고, 심하면 자기 가족 중에서 접촉 사고 나서 자기가 가봐야 한다고도 한다더라.

그런 말이 사실일 수도 있는 거 아니냐고 했더니 아니라더라.

연예계는 좁은 데라서 전화 몇 군데만 해보면 금방 다 안대.

실제로 배우 미팅하기로 해놓고 다른 데 작품 미팅 간 사람도 있고 작품 여러 개 두고 저울질하다가 자기에게 더 좋은 작품 선택하는 사람도 많다는 거지.

문제는 이 작품 자기가 반드시 하겠다고 하고 계약서에 도장까지 찍은 사람이 말을 바꾼다는 거야.

신뢰할 수 없는 사람들이 배우를 하겠다고 돌아다니는 게 문제라고 하더라.

그때 그 사람 말 들으면서 다른 분야도 마찬가지라는 생각이 들더라.

회사를 다니는 사람이나 자기 사업을 하는 사람이나 그런 사람 있잖아?

회사 다니다가 일이 힘들다고 얼마 해보지도 않고 퇴사하는 사람도 많지.

퇴사하면서 연락도 없이 갑자기 사라지는 사람도 있잖아.

사회생활을 하겠다는 건지 아니면 혼자 살겠다는 건지 모르겠는 사람들…….

사회 어느 분야에서건 어떤 일을 할 때 자기 말에 책임을 지고 최선을 다하는 자세가 필요하지.

이 세상 혼자 살 거면 모르는데, 그건 아니잖아?

나 편하자고, 나한테 도움이 되자고 내 맘대로 일들을 정해버리면 내 말을 믿고 일을 추진하던 사람들이 곤란해지는 거잖아.

더구나 영화나 드라마는 여러 사람이 모여서 함께하는 일이잖아.

그런데 스타도 아니고 이제 막 시작하는 사람이 혼자 맘대로 한다는 건 아직 정신이 덜 된, 철이 안 든 사람인 거밖에 더 되겠어?

어느 회사에 들어가서든 그 일을 제대로 알기 전까진 최선을 다해서 배우려고 해야 해.

절대로 혼자 생각으로 쉽게 파단하면 안 되는 거지.

그중에 제일 중요한 거?

시간 약속 지키는 거야.

모든 일은 시간을 정하면서 시작되니까 말이야.

나를 변화시키는 제1의 철칙은?

어느 회사에 들어가서든 그 일을 제대로 알기 전까진 최선을 다해서 배우려고 해야 해.

절대로 혼자 생각으로 쉽게 파단하면 안 되는 거지.

그중에 제일 중요한 거?

시간 약속 지키는 거야.

모든 일은 시간을 정하면서 시작되니까 말이야.

"난 된다니까. 내가 누군데!"
ㄴ부자는 '난 안 될 수도 있다'고 주의한다

난 긍정의 말을 하는 여자야.

나는 무조건 되는 여자야.

내 꿈은 완벽하고 실제 이뤄지는 현실이야.

아까부터 네가 무슨 소리를 하는지 궁금했어.

자세히 들어보니까 알겠다.

꿈을 이루는 긍정의 말을 스스로에게 하는 중이었지?

새로 나온 어느 책을 읽은 거야?

전혀 허황된 이야기는 아닌데, 그래도 책에서 하는 말 너무 믿지는 마.

책을 쓴 사람이 모든 사람을 만나고 쓴 건 아니니까.

책을 믿기보단 실제 네 주위에 있는 사람을 통해서 배워보는 게 좋아.

책을 보면 그런 이야기들이 많잖아?

'긍정의 생각을 하라. 된다고 생각하라. 뭘 하든 자신감을 가져라.'

뭐, 이런 말들 말이야.

그런데 세상의 부자들은 사실 '난 안 될 수도 있다'는 생각을 많이 한대.

너도 알지?

세계 부호 순위에 꼬박꼬박 이름을 올리는 엘리자베스 여왕 있잖아?

엘리자베스 여왕은 항상 검소하게 산대.

영국 호수에 있는 백조는 모두 여왕 소유라고 하는 말이 있는 것처럼 알아주는 부자인데도 검소하게 산대.

왜 그럴까?

이를 궁금하게 여긴 어느 기자가 여왕에게 물었지.

여왕은 이렇게 대답했어.

"언제든 내가 가진 것을 한 번에 잃을 수 있다고 생각하기 때문입니다."

정신이 확 드는 거 같지 않니?

돈만 많으면 다 된다는 착각을 버리는 게 중요하다는 얘기야.

그와 비슷한 말로 긍정의 정신만 유지하면 모든 게 다 된다는 착각을 버려야 하는 게 맞아.

무슨 공식까지 써가면서 성공의 노하우라고 하는 책들 있잖아?

그런 거 믿지 말고 현재 생활에 최선을 다하자는 거야.

실제 부자들은 그런 공식을 개발하면서 시간을 낭비하지 않아.

사람을 만나고 일을 하면서 현재의 일에 집중하지.

막연한 미래의 일보다는 지금 당장의 일……. 지금 같이 있는 사람들, 지금 하는 일, 그리고 현재의 내 시간에 집중하는 거야.

칼 마르크스는 이렇게 말했어.

"나는 못생겼지만 아름다운 부인을 살 수 있다. 나는 못생긴 사람이 아니다. 왜냐하면 돈으로 미남이 될 수 있기 때문이다. 앉은뱅이에게 돈은 스물네 개의 다리를 만들어준다. 나는 사악하고 한심하며 양심이 없는 사람이다. 그러나 돈은 나를 존경받는 사람으로 만들어준다."

이런 말 좀 많이 삭막하지 않니?

다른 건 몰라도 너도 이 사람 말을 들으면 한 가지는 알 거야.

이 사람은 못생겼고, 돈이 없다는 거 말이야.

자기가 부족한 걸 자꾸 말하면서 잘할 수 있다고 하는 거잖아?

가난한 사람들이 말하는 꿈은 'If'로 표현할 수 있어.

'If'는 '만약'이라는 뜻이잖아?

현실엔 불가능하고 없으니까 자꾸 'If'를 찾게 되는 거야.

이것만 나아지면, 이것만 고쳐지면, 이것만 괜찮으면 모든 게 괜찮아질 거라는 착각을 하는 거지.

하지만 너도 알다시피, 그게 가능하니?

현실의 문제가 'If'로 해결된다면 나중에 무슨 일이 생기겠니?

또 다른 결핍이 생기잖아? 그치?

긍정의 힘을 믿으면서 할 수 있다고 노력하는 마음을 갖는 건 좋지.

하지만 너무 막연하게 'If'를 되뇌면서 "난 된다"를 말하기만 하면 안 된다는 거지.

미국의 토크쇼 진행자 바바라 월터스는 CNN 설립자 테드 터너에게 이렇게 물었어.

"당신같이 엄청난 부자가 된다면 사람들은 뭘 느낄까요?"

터너가 대답했어.

"종이 봉지 같다는 느낌이 들 겁니다. 사람들은 모두 그 봉지를 갖고 싶어 합니다. 그런데 정작 그 봉지를 갖게 되면, 그 안에 아무것도 없다는 사실을 깨닫게 되지요."

이 말 무슨 뜻인지 알겠니?

터너는 부자가 된다는 것이 껍데기와 같다는 걸 말한 거야.

부자의 허무함을 안 거야.

가난할 때는 부족한 게 많아서 그것만 채워지면 행복이 올 줄 알지.

하지만 부자가 돼서 부족한 게 없어지니까 모든 게 아무것도 아니라는 걸 안 거야.

물론, 이 역시 현재 부자인 터너가 말하는 거라서 지금 가난한 사람들이 들으면 무슨 말인지 이해 못할 거지만 말이야.

가난한 사람들은 항상 'If'에 익숙하거든.

부자가 되어본 적이 없으니까 자꾸 환상을 가지려고 해.

가난한 현실일지라도 행복을 찾으려고 하지 않고 가난한 이유를 다른 데서 찾아내려고 하는 거야.

가난에서 헤어날 비밀이 어딘가에 있다고 생각하고 자꾸 찾으려고 해.

하지만 부자가 되고 나서야 깨닫지.

부자가 된다는 게 행복한 게 아니라는 것을…….

가난한 시절에도 행복이 있었다는 걸 알게 된다는 소리야.

행복은 항상 우리 팔 닿는 곳에, 팔만 뻗으면 가질 수 있는 곳에 있거든.

가까운 곳에 있어서 행복이라고 부르지.

그런데 사람들은 자꾸 "내 옆엔 없을 거야" 하면서 멀리서 찾아.

문제는 멀리 있는 건 행복이 아니라 행운인데 말이야.

행복은 머무르는 거고, 행운은 스쳐가는 건데 사람들은 가난이라는 불편함 때문에 행운만 찾는 거야.

부자와 가난한 사람의 다른 점은 뭐 그렇게 복잡하지 않아.

부자는 돈으로 자기 할 일을 다른 사람에게 시키지.

가난한 사람은 돈이 없으니까 자기가 직접 하는 거고.

그거 외에 차이는 별로 없어.

솔로몬은 동서고금을 막론하고 세상에서 가장 부유한 사람이었어.

그가 사용하는 컵은 순금이었고 코끼리 상아로 만든 침대에서 잠을 잤지.

솔로몬이 사는 궁전도 금으로 치장되었다고 해.

솔로몬은 세상 그 누구와도 비교할 수 없을 정도로 부자였지.

그런데 그가 한 말을 우리는 기억해야 해.

세상 최고의 부자가 돈에 대해 어떻게 말했는지 궁금하지?

"재산이 많으면 창고만 커질 뿐인데 부자가 돼서 자기 재산을 볼 수 있다는 것 외에 쓸모가 없다."

테드 터너와 솔로몬이 한 말의 뜻을 이해할 수 있겠니?

돈의 진실은 소유에 있는 것이 아니라 나눔에 있다는 의미라고 생각해.

부자가 되려고 노력하지 말고 행복해지려고 노력하면 좋겠어.

부보다 더 중요한 것은?

행복은 항상 우리 팔 닿는 곳에, 팔만 뻗으면 가질 수 있는 곳에 있거든.

가까운 곳에 있어서 행복이라고 부르지.

그런데 사람들은 자꾸 "내 옆엔 없을 거야" 하면서 멀리서 찾아.

문제는 멀리 있는 건 행복이 아니라 행운인데 말이야.

행복은 머무르는 거고, 행운은 스쳐가는 건데 사람들은 가난이라는 불편함 때문에 행운만 찾는 거야.

"나 돈 아껴 쓰는, 절약하는 여자야."
ㄴ3만 원씩 열 번, 30만 원을 쓰면 절약하는 걸까?

돈 아끼는 방법 알려줄까?

너 얼마 전에 바지 수선하고, 예전에 입던 스웨터 수선해서 봄옷으로 준비했다고 했잖아?

그 이야기 들으면서 네가 알뜰하다는 생각도 했거든.

근데 새 옷 사 입기 좋아하는 애가 옷을 직접 수선해서 입을 생각을 했다고 하니까 조금 걱정된 게 사실이야.

네가 한 달에 버는 돈과 부모님들에게 받는 돈 포함해서 매월 쓰는 돈은 일정할 텐데…….

그런 돈을 절약하게 되면 꽤 큰돈이 따로 모이게 되거든.

무슨 말이냐 하면 너도 모르는 사이에 돈이 어디론가 새고 있다는 말이야.

지갑에 담아둔다고 안 없어지는 돈이 아니라는 거지.

너도 알게 모르게 사라지는 돈들을 잘 간수하고 꼭 막아두면 그런 돈들이 모여서 중요한 일에 요긴하게 쓸 수 있는 돈이 된다는 의미지.

맞아, 네 말대로 넌 돈을 함부로 쓰는 사람은 아니지.

근데 그거 아니?

사람들은 누구나 돈을 함부로 쓰지 않아.

나름대로 잘 쓴다고 생각하거든.

특히 여자들 돈관리는 남자들과 다르잖아?

남자들처럼 술 먹고 놀고 하는 곳에 많이 쓰는 게 아니잖아.

몸 생각해서 건강 유지하는 데, 미용을 위해 돈을 쓰잖니.

친구들과 만나서 커피 한 잔 하더라도 대부분 자기 커피값은 자기가 내니까 이리저리 옮겨 다니며 술 마시는 남자들이랑은 차원이 다를 거야.

맞지?

그런데 내가 하나만 질문할게.

그렇게 알뜰하게 아껴 쓰고 꼭 써야 할 곳에만 쓰는데 왜 돈이 항상 부족한 걸까?

그걸 너도 모르겠다고?

그럼 우리 이번엔 돈 아껴 쓰는 법 알아볼래?

네가 평소에 돈 쓰는 습관을 알면 낭비하는 곳을 찾을 수 있을 거야.

자, 그럼 시작한다?

먼저 너 어제 점심 식사 뭐 먹었어?

김치찌개? 아니면 스파게티?

돈 아끼려고 김밥 한 줄 먹었다고?

좋아, 그럼 김밥 먹고 커피 마셨지?

커피는 어떤 커피?

전문점 커피? 아니면 테이크아웃 커피?

우선 여기서 점검해볼까?

김밥 한 줄은 2,500원 정도야.

그럼 테이크아웃 커피는 2,000원 정도지?

커피전문점에서 마시는 커피는 최소 4,000원 정도 되고…….

그럼 모두 얼마니?

네가 점심식사로 쓴 비용만 4,000원이 넘어.

차라리 김밥 먹는 대신 김치찌개나 제대로 된 식사를 하는 게 너한테 더 좋은 거였어.

넌 식사비 아낀다고 하면서 커피값을 더 쓴 셈이야.

그다음을 따져보자.

너, 지금 지갑에 쿠폰 몇 개 있어?

할인쿠폰이나 포인트카드, 마일리지카드 몇 개 쓰니?

이것저것 다 모으면 20개도 넘는다고?

그중에 제일 많이 쓰는 카드는 뭘까?

그렇지? 커피전문점 제휴카드일 거야.

열 번 커피점 오면 한 번은 그냥 무료로 준다는 카드도 있고 이동통신사랑 제휴해서 커피값 할인해주는 카드도 있을 거야.

그런 거 여기저기 다니면서 할인혜택 받는 거 좋아하는 사람들 많지.

너도 그럴 거야.

그냥 사람들 만나러 가는 거니까, 가는 김에 할인받는 거라고?

좋아, 일단 넘어가자.

그럼, 이제부터 가장 대표적인 두 가지만 얘기해볼게.

앞서 말했듯 식사비 아낀다면서 후식으로 커피 마시는 사람들이 있어.

이건 아끼는 게 아냐.

커피가 언제 제일 맛있는지 아니?

약간 배고플 때가 제일 맛있어.

갈증이 있거나 시장기가 있을 때 커피를 마셔보면 그걸 알 수 있지.

커피 한 컵 용량이 240~350밀리리터 정도 되거든.

각 전문점 별로 살펴보면 스타벅스는 숏(237밀리리터)과 톨(355밀리리터)이 있어.

커피빈엔 스몰(355밀리리터)과 레귤러(477밀리리터)가 있어.

엔젤리너스엔 227밀리리터와 340밀리리터, 454밀리리터 사이즈가 있고…….

할리스엔 레귤러(384밀리리터), 그란데(473밀리리터)가 있지.

커피만 마셔도 배부를 정도야.

그래서 그런지 커피 마시면서 그거 항상 들고 다니는 사람이 많아.

하루 종일 조금씩 마시려는 건지 항상 들고 다니지…….

어쨌든 커피는 기호식품이니까.

또 분위기 있어 보이려고 '스타일링'으로 들고 다니기도 해.

근데, 네가 한 달에 마시는 커피값을 1년으로 생각해본 적 있니?

한 잔에 4,000원으로 계산해서 일주일에 두 번 정도 친구 만날 때 마신다고 해볼까?

그럼 약 8,000원이네?

한 달이면 4주로 계산해서 32,000원이겠다.

1년이면 12개월 계산해서 384,000원이야.

네가 스무 살 때부터 서른 살 때까지 10년 동안 마신다면 그 돈은 380만 원이 넘어.

넌 커피 섞은 물 마시는 데 380만 원을 쓰는 거야.

아깝지 않아?

그 돈이면 중고차를 살 수도 있고, 동남아시아로 해외여행을 다섯 번은 다녀올 수 있을걸?

그럼 마일리지카드는 뭐냐고?

그건 이래.

커피점이나 패스트푸드점, 패밀리레스토랑 등에선 제휴카드제도가 있
잖아.

사람들에게 할인을 해주는데 10퍼센트, 20퍼센트도 할인받는 경우가
있지?

나중에 마일리지로 쌓아서 또 쓸 수도 있고 말이야.

언뜻 생각해보면 마일리지 제휴카드는 낭비라고 볼 순 없지.

다만, 돈이 새는 건 마찬가지야.

이렇게 생각해봐.

마일리지카드가 없으면 친구랑 만나는 커피점에서 돈은 누가 내니?

친구가 내거나 내가 내거나 그때마다 다르지?

한 번 얻어먹으면 다음엔 내가 사는 게 맞는 거라고 생각하잖아.

맞아, 그런데 마일리지카드 있으면 돈은 누가 내니?

마일리지카드 있는 사람이 내거나 친구가 돈 내는데 마일리지카드는
내 걸 적립하는 경우도 있을 기야, 그치?

마일리지카드 쓰면서 너나 친구나 똑같은 생각할 거야.

'우린 돈 아끼는 여자들이야! 나 이렇게 알뜰하게 현명한 여자라고!'

그런데 미안한 얘기지만 이거 대단한 착각이야.

잘 생각해봐.

마일리지카드가 있는데 적립금액이 조금이야.

그러면 그거 쌓으려고 또 찾아가지?

혹은 친구가 돈 내는데 마일리지카드를 내 걸로 적립했으면 나중에 그

친구 또 만나서 마일리지카드 같이 써야 하잖아?

밥 먹을 때는 물론이고 커피 마실 때를 포함해서, 극장이나 놀이공원에 가서도 마일리지카드, 제휴카드 꺼낼 거야.

현명한 여자, 돈을 아껴 쓰는 여자라며 뿌듯해할 수 있어.

근데 어느 순간 입장이 바뀌는 건 모를 거야.

내가 돈을 아껴 쓰면서 생활하는 건지, 아니면 마일리지카드 적립하러 다니는 건지 헷갈리는 거지.

네 지갑에 마일리지카드가 많다는 건 네가 돈 쓰러 다니는 데가 많다는 거야.

결국, 시간이랑 차비랑 돈 쓰는 일이 잦은 거고…….

넌 네 눈앞에서 돈을 절약하는 거 같지만 오히려 돈을 배 이상 쓰는 셈이지.

마일리지카드 적립해서 다른 거 쇼핑하는 데 쓰니까 절약하는 거라고?

친구야, 쇼핑한다는 거 자체가 돈을 쓴다는 거잖아.

네가 돈을 진짜 아껴 쓰는 사람이라면 마일리지카드라서 쓸 게 아니라 마일리지카드라도 쓰면 안 돼.

이해해?

기억할 거야.

마일리지카드 쓰는 장소에서 네 모습을 말이야.

마일리지카드는 네가 일상생활에서 언제나 사용할 수 있는 카드라기보다는 친구들과의 만남이나 특별한 외출이 있을 때 쓰는 카드가 대부분이거든.

할인점이나 슈퍼마켓에서 사용하는 마일리지카드는 성격이 약간 달라.

식품이나 생활용품 사는 데 쓰는 마일리지카드는 너한텐 절약이라는 환상을 주지만 그 상점의 경영진에게는 너의 쇼핑 상품 목록 정보를 알려주는 거야.

네 나이, 거주지, 성별도 물론 제공하는 거고…….

네가 자주 쇼핑하는 상품 목록이랑 소비지출 금액 규모를 통계로 만들거든.

그래야만 상점 경영진 입장에선 어떤 상품을 더 갖다놓을지 전략을 세울 수 있지.

어떤 소비자가 어느 상품을 선호하는지 알 수 있게 되는 거야.

너는 슈퍼마켓 마일리지카드가 단순히 물건값 할인해주는 걸로만 알았다고?

네 입장에선 그렇게 생각할 게 뻔하지.

하지만 너 물건 사면서 마일리지카드 내거나 번호 불러주잖아?

그러면 상점의 카운터 직원이 카드번호를 영수증에 입력해주게 되고, 맞지?

상점에서 하루 매출을 기록해서 부족한 상품은 새로 발주하거나 안 팔리는 제품은 재고를 확인해서 반품하고 새 물건을 진열하곤 해.

그게 모두 계산대에서 입력되는 정보를 통해 알 수 있는 거야.

마일리지카드를 발급하는 상점이 있다고 해.

왜 그 카드를 발급할까 이유를 생각해본 적 있니?

단순히 손님들에게 가격을 싸게 해서 자주 오라고?

아냐.

재고관리가 쉽고, 상품 판매 정보를 얻을 수 있으니까, 물건값을 깎아주면서까지 마일리지카드를 내주는 거야.

물론 마일리지카드에 개인정보는 빼고 카드번호만 입력하는 경우도 있어.

카드번호에만 적립해주는 방법인데, 이 경우에도 어떤 카드에 얼마나 적립되는지 정보가 기록되지.

쇼핑 오는 횟수와 1회 쇼핑 금액이 자료로 남게 되는 거야.

어때?

네가 사용한 마일리지카드의 숨겨진 기능이 마음에 들어?

마일리지카드의 함정을 알아?

마일리지카드 적립해서 다른 거 쇼핑하는 데 쓰니까 절약하는 거라고?

친구야, 쇼핑한다는 거 자체가 돈을 쓴다는 거잖아.

네가 돈을 진짜 아껴 쓰는 사람이라면 마일리지카드라서 쓸 게 아니라 마일리지카드라도 쓰면 안 돼.

"돈 벌 때도 있으면 쓸 때도 있는 거야."
└ 쇼핑하고 싶을 때, 쇼핑해야만 할 때, 갑자기 쇼핑할 때

처음엔 그렇게 많이 살 생각이 없었어.

그런데 마트에만 가면 왜 그렇게 사야 할 물건들이 많은지 나도 잘 모르겠다니까?

이번엔 반드시 미리 살 것만 적어서 가야지 하는데도 말이야.

필요한 물건만 사려고 해도 가서 보면 또 다른 물건들이 눈앞에 쫙 펼쳐지는 거야.

넌 그런 거 어떻게 생각하니?

'내가 이 물건 왜 샀을까?' 한다고?

맞아, 네 말대로 나도 그런 경험이 있어.

자기도 모르는 쇼핑 본능이 작용한다고 할까?

그 이유는 명확하게 밝혀지진 않았지만 난 그냥 있는 그대로의 상황을 즐기기로 했어.

사람은 눈으로 보고, 코로 향기를 맡고, 손으로 만지면서도 호감을 만들지.

그렇기 때문에 쇼핑하러 가서 보고, 듣고, 만지면서 그때까지 없던 구매 욕구가 생긴다고 보거든.

실생활에 반드시 필요하지 않아도 머릿속에서는 사라, 가져라, 갖고 가라고 끊임없이 명령을 하니까 어쩔 수 없는 거지.

사람의 오감을 자극하는 마케팅이 있는데 거기에 안 당하면 그 사람은 사람이 아니라는 거니까, 안 당해도 이상하잖아?

샤워효과라는 마케팅 용어가 있어.

낙수효과라고도 부르는데 두 개 모두 비슷한 말이야.

가령, 높은 층의 쇼핑몰이면 그 건물 제일 위층에 극장이나 식당 커피점처럼 사람들이 모일 수 있는 업종의 시설을 들여놓는 거야.

쇼핑몰을 쇼핑의 장소가 아니라 만남의 장소로 바꾸고 사람들을 모이게 하는 거래.

그러면 사람들이 만나서 이야기를 하다가도 쇼핑을 하러 내려온다는 거야.

왜 그런 거 있잖아?

사람들 만나면 누구 생일, 입학, 졸업, 영화, 여행 등의 그런 얘기들…….

얘기를 하다 보면 없던 일도 생각나고, 결국 쇼핑을 해야만 하는 일이 만들어진다는 거지.

쇼핑해야 할 일이 없었는데, 이야기를 나누다 보니 쇼핑을 해야만 하는 일이 생기는 거야.

쇼핑몰 위에 극장이 생기는 거 본 적 있지?

극장에서 나오는 사람들이 내려갈 때는 이상하게도 쇼핑몰 중앙을 가로지르는 에스컬레이터를 타고 가도록 만들어져 있고 말이야.

이런 게 아까 말한 샤워효과, 낙수효과 개념인 거야.

그리고 쇼핑을 할 때는 각각의 목적에 따라서 상품 진열 위치가 달라지곤 하지.

넓은 마트에 가보면 제일 안쪽이나 사람들이 잘 오지 않는 곳에다가 생필품을 진열하고 판매하는 걸 본 적 있을 거야.

사람들이 자주 찾는 물건을 안쪽에다 두는 이유는 사람들이 안쪽으로 들어와서 쇼핑을 하고 바깥쪽으로 가면서 다른 물건도 보도록 하기 위해서야.

또 카운터 주변에는 물건값 계산하고 남는 몇 천 원 정도로 살 수 있을 만한 물건들을 집중 진열해두지.

다시 말해서, 마트 안쪽에 깊숙이 들어와서 나갈 때까지 물건을 구경하게 하고 계산대에 서는 그 짧은 시간 동안 추가로 쇼핑할 수 있는 물건을 진열해두는 전략이야.

그래서 쇼핑 분야에선 구매 목적에 따라서 상품을 구분하고 각각의 마케팅 방법을 다르게 쓰는 곳이 많아.

가령, 팔아야 할 상품들이 선택구매, 필요구매, 기회구매 어디에 속하는지 분류해.

글자 그대로 선택구매란 선택해서 쇼핑하는 것이고, 필요구매란 사람들이 필요해서 반드시 쇼핑하는 상품들이지. 기회구매란 우연하게 쇼핑하는 상품들을 말해.

먼저, 선택구매란?

사야 할 필요성도 없고, 필수 상품도 아닌데, 그저 상품을 보고 재미있겠다 싶어서 돈 버리는 셈치고 구매하는 거야.

소비재 상품이 출시되면, 대대적으로 홍보하는 이유가 선택받기 위해서지.

일부 품목, 책, 술, 담배, 과자, 음료수, 초콜릿, 장난감 등등을 말해.

예컨대 책을 사더라도 '가치'와 '트렌드'를 중시하는 사람들이 많잖아.

내가 필요한 책을 사고, 다른 사람들보다 뒤처지지 않기 위해 책을 사서 읽는 사람들이지.

나 자신에 대한 투자라고 생각하는 거야.

오로지 나를 위해 돈을 쓴다고 생각하는 사람들을 가리키는 말이야.

필요구매란?

우리 생활에 반드시 필요한 상품을 사는 거야.

옷, 식료품 같은 상품을 말해.

이 분야의 상품들은 종류는 많은데 소비자 기호가 다양해지면서 대박은 없어도 소박, 중박은 유지된다는 특징이 있어.

이런 필요구매 상품만 모아서 파는 곳으로는 쇼핑몰, 마트 등이 있지.

기회구매란?

우연히 지나다가 눈에 띄어서 사고 싶어지는 상품을 구매하는 거야.

배가 고파서 식당을 찾다 보니 가까운 곳에 식당이 있어서 기회구매를 하는 거랑 같아.

약속 시간에 일찍 나와서 시간 때울 곳 찾다가 들르는 'PC방'도 기회구매에 속하지.

소액으로, 버리는 돈으로 생각하며 돈을 쓰는 곳이야.

하지만 현대사회에서는 브랜드랑 인지도 중심으로 신뢰를 근거로 한 구매가 이뤄지게 돼.

각 쇼핑 순간마다 브랜드를 보고, 제품 설명을 소비자 스스로 판단하는 슈퍼컨슈머SUPER CONSUMER 시대가 되어버린 거야.

소비자는 편해지는데 제조업체만 힘들겠다고?

아냐.

물건이 잘 안 팔린다고 고민할 필요는 없어.

소비자들이 원하는 상품을 출시하면 잘 팔리니까.

쇼핑몰의 꼼수쯤은 알고나 살까?

쇼핑 분야에선 구매 목적에 따라서 상품을 구분하고 각각의 마케팅 방법을 다르게 쓰는 곳이 많아.

가령, 팔아야 할 상품들이 선택구매, 필요구매, 기회구매 어디에 속하는지 분류해. 글자 그대로 선택구매란 선택해서 쇼핑하는 것이고, 필요구매란 사람들이 필요해서 반드시 쇼핑하는 상품들이지. 기회구매란 우연하게 쇼핑하는 상품들을 말해.

"내일부터 열심히 해야겠어."
ㄴ오늘, 지금 최선을 다한다

너, 다이어트는 잘하고 있니?

뭐? 내일부터 할 거라고?

네가 그러니까 매번 다이어트에 실패하는 거야.

오늘 많이 먹고 내일부터 다이어트하겠다고 하니, 무슨 일이 되겠어?

모든 일이 그래, 지금 움직이지 않으면 내일이란 없는 거거든.

친구야, 이런 말이 있어.

과거는 부도수표이고, 미래는 약속어음이고, 현재는 현금이라는 말…….

영어로 현재를 present라고 하지?

이 영단어에는 '선물'이라는 뜻도 있잖아.

신기하지?

과거는 아무리 노력해도 영원히 되돌릴 수 없어서 부도수표야.

미래는 앞으로 기대할 뿐, 우리가 어떻게 당장 해볼 수가 없는 거라서 약속어음이야.

현재는 우리가 하고 싶은 대로, 할 수 있는 일은 다 할 수 있어.

영어권 사람들이 현재의 귀중함을 알기에 현재를 '선물'이라는 뜻으로도 쓰는 걸 거야.

오늘이 중요하다는 것은 아무리 강조해도 지나치지 않을 거야.

오늘의 트렌드에 집중해야 내일의 트렌드가 만들어지지.

다시 말해, 오늘이 있어야 내일이 만들어진다는 거야.

그래서 내일을 기약하려면 오늘 최선을 다해야 해.

생각해봐.

사람들이 지구상에 살기 시작하면서 역사를 기록했어.

사람들은 자기 역사를 기록하여 후대에 전달했고 문화가 이어졌잖아.

역사의 흐름이나 문화의 전달에 가장 중요한 도구가 뭐였을까?

글자가 발명되기 전까진 입에서 입으로 전달되었는데 문제가 많았겠지.

잘 아는 사람이 전달을 안 해주거나, 늙어 죽어버리기라도 하면 그 사람만 알고 있던 전통, 문화 같은 것들이 그대로 끊겨버리는 거잖아.

사람들이 글자를 발명한 이유도 그래서였다고 봐야겠지.

필요에 의해서, 중간에 끊겨버리는 일 없이 확실히 알기 쉽게 전달할 수단으로써 말이야.

중세 그리고 근현대사에 이르기까지 보존할 가치의 전달 속도를 조절한 건 뭐였을까?

그건 바로 사람들의 문자였을 거야.

처음엔 그림으로 시작한 표현방식이 상형문자가 되고, 그것이 더 명확한 의미를 품게 되면서 의사전달 속도가 더 빨라졌을 거야.

이를 통해 사람들 사이에 정보가 공유되면서 문화의 전달 속도 역시 빨라질 수 있었고 내용도 정확해졌다는 거야.

입에서 그림으로, 그림이 글자화되면서 비로소 역사랑 문화가 이어지게 된 거로 봐.

너랑 내가 이야기하고 마음을 서로 알아가는 것도 글자 덕을 크게 보잖아?

글자랑 말…….

이 두 가지 발명은 인류 역사상 가장 위대한 것임에 틀림없어.

심지어 말의 빠른 속도를 따라잡기 위해 글자 모양도 바뀌게 되었다지?

중세 유럽 및 영어권 국가에서 이룬 산업혁명과 부의 축적 속도를 보더라도 그래.

영어권 국가에서 사용한 알파벳 a, b, c, d, e, f, g … x, y, z는 속도가 빠를 정도로 간략하지.

마치 물 흘리듯 써내려간 문자 덕에 사람들 간 생각의 전달 속도가 빨랐던 거지.

그래서였을 거야.

영어권 국가에서 문화발달 속도가 빨랐던 이유 말이야.

한편, 아시아의 부자 나라 일본의 경우는 어때?

중국의 한자를 일본식으로 간소화하고 '히라가나'라는 표음문자 체계 속에서 상대적으로 문자 표기가 간단했어.

부의 축적 속도가 빨라졌고, 아시아를 넘어 세계의 경제대국이 된 이유가 될 거야.

우리 한국어의 경우에도 최근엔 'ㅎㄷㄷ', '안습', '베프', '짱나', '열공' 등의 단순화된 언어와 줄임 표현이 대세잖아?

이 또한 한국이 IT 강국이 되면서 그 어느 나라보다도 빠른 인터넷 속도를 자랑하기에 이른 거지.

분명히 말 속도와 문자의 속도가 서로 영향을 주는 거라고 봐야 해.

그래서 말이라는 언어의 빠르기가 각 나라의 발달 속도를 정했다기보다는 그 언어를 기록하고 저장, 전파하는 문자 구조가 중요했다는 거지.

문자가 간단해지면서 사람들의 정보공유 및 활용이 빨라진 거고…….

서로 이해하고 사용하기 쉬워지면서 결국엔 문화의 발달이 빠르게 된 셈이야.

어려운 얘긴 아니야.

너도 알 거야.

일전에, 귀여니라는 인터넷소설 작가의 'ㅜ.ㅜ' 등과 같은 이모티콘으로 쓰인 소설 기억하지?

이런 형태의 글이 사람들 사이에서 논쟁이 된 적이 있잖아.

그런데 신기하게도 10대는 열광했고, 다른 세대는 혀를 찼었어.

혀를 찬 사람들이 보기엔 그게 정식 문자도 아닌데 그걸로 글을 쓴다는 게 말이 안 된다는 거였지.

하지만 하나의 문화적 디딤돌이 되어버린 '귀여니 소설'이 지금은 어때?

10대 청소년들은 오히려 이모티콘 문체를 적극 받아들여서 그들의 문화로 만들었어.

오히려 더 앞서 나가면서 줄임의 줄임 표현을 즐기기도 했잖아.

'감사해요'를 'ㄱㅅ'이라고만 쓰는 것처럼 말이야.

거북이 그림을 그리며 서로 소통하던 사람들이 시간이 흐르면서 거북이를 닮은 '龜귀'라는 글자를 만들어 커뮤니케이션을 했지.

근데 이젠 ‘거북이’라고 써서 소통하잖아.

근데 이게 또 어느 순간 ‘ㄱㅂㅇ’라고만 써도 소통이 되는 시대가 된 거야.

문자들이 정말 빛의 속도로 빠르게 변하는 중인 거지.

물론, 문자가 바뀌면서 무슨 문제가 생기긴 하는데 다른 세대 간에 문자 소통이 안 된다는 게 큰 문제야.

글자를 써도 알고 보면 같은 뜻이지만 처음엔 상대가 무슨 말을 하는지, 뭘 뜻하는지 전혀 모르니까.

그렇게 이해를 못하는 시간이 길면 길수록 서로 답답해할 수밖에 없잖아.

그런 걸 그냥 한마디로 묶어서 문자를 이해하기에 벅찬 사람들 사이의 ‘버퍼링 효과’라고 볼 수 있을지 모르지만 말이야.

10대는 기성세대를 향해 ‘ㅎㄷㄷ’, ‘열공’, ‘∧∧;’ 등의 문자로 의사를 전달하지.

그걸 받는 기성세대의 머릿속은 ‘후덜덜’, ‘열심히 공부하자’, ‘미소 짓다’의 뜻인지도 모르고 그저 복잡해지는 거고……

그렇게 사사건건 문자해독을 하는 데서 버퍼링이 생기면 어떻게 되겠어?

세대 간 갈등이 터지는 거지.

나이 든 세대는 젊은 세대를 향해서 “요즘 젊은 것들이 문제야”라는 말만 하겠지.

이것은 꼭 적외선 통신으로 자료를 전달하는 낸드플래시 컴퓨터와 5.25인치 플로피디스켓을 쓰는 XT급 컴퓨터 사이에서 벌어지는 버퍼링 충돌 현상 같은 거야.

뭐, 결국 이런 문제는 방관하듯 미루지 말고 지금이라도 교감의 장을 만들어야겠지.

오늘의 기억이나 감정은 내일이 되면 또 달라져.

오늘 이런 시간, 분위기, 환경이 내일까지 이어지진 않잖아.

내일은 또 다른 시간과 장소에서 머물 텐데…….

오늘과 똑같은 시간 동안 똑같은 이야기를 너와 내가 나눈다 해도 그건 전혀 다른 의미로 너한테 전달될 거야.

물론, 내가 너한테 말하려는 의도도 많이 달라져 있을 거고.

그러니까 자극이 되고 마음에 변화가 생겼다면 언제 해야 해?

맞아, 지금 당장 시작하는 거야.

그래야 오래할 수 있고, 제대로 전달된 마음을 오래도록 유지할 수 있어.

오늘 느낌, 네 감정을 내일 다시 느끼려고 할 땐 이미 늦을 거야.

성공의 타이밍은?

오늘이 중요하다는 것은 아무리 강조해도 지나치지 않을 거야.

오늘의 트렌드에 집중해야 내일의 트렌드가 만들어지지.

다시 말해, 오늘이 있어야 내일이 만들어진다는 거야.

그래서 내일을 기약하려면 오늘 최선을 다해야 해.

행복은
항상 우리 팔 길이만큼 떨어진 곳에서
우리를 바라본다.

　여자의 성공은 여전히 좁은 문일까? 결혼을 취업이라고 말하는 ‘취집’이라는 용어가 등장할 정도로 취업하기 어려운 현실에서 여자의 길은 진로나 방향이 제한적일까? 남들 하는 대로 배우고, 직장 다니다가, 남들처럼 인생을 사는 게 전부가 아니지만 나만의 계획을 세워도 번번이 길이 안 열리는 막막한 상황에 다다르는 것도 문제다. 되는 일 없는 여자, 노력한다곤 하지만 최선을 다해도 뭐가 문젠지 잘 모르는 여자들이 많은데 여자의 문제가 뭔지 제대로 ‘이것을 고치라’고 핵심을 짚어주는 가이드가 없다.

　이 책 『에이미의 치즈케이크』는 지금까지 몰랐던 여자의 잘못된 습관을 지적하며 더 나은 방향을 제안하는 동시에 어렵기만 하고 딱딱한 경제 이야기를 친구들의 수다 속에 풀어내어 누구라도 쉽게 이해하고 다가설 수 있도록 구성했다.

　여기에 등장한 롤 모델을 ‘에이미’라고 명명했다. 에이미는 20대 나이에도 불구하고 남모르는 자기관리와 똑똑한 자기만의 경제 노하우로 성공의 대열에 오른 여자 친구다. 동시에 에이미는 자신의 성공 노하우를 바탕으로 친구들에게 20대 시절을 아마추어처럼 서툴게 살지 말라고 따끔하게 조언하는 진짜 여자이기도 하다.

이 책은 20대, 30대의 시절을 똑똑하게 부자로 살아가고 싶은 이들을 커피숍으로 초대해 펼치는 무겁지 않고 말랑한 경제 이야기다. 친구들의 무의식적인 낭비에 현명한 에이미가 던지는 까칠한 충고는 친구의 지갑을 돈이 항상 가득 찬 금고로 만들어준다. 또한 그녀는 폭넓은 생각을 하지 않고 '헛똑똑'으로 지내는 친구들의 사고방식에 대해서도 "고치라!"고 가감 없이 돌직구를 던진다. 에이미는 이 시대의 우리 주위에서 흔히 볼 수 없는 야무지고 예쁜 여자 친구다.

거리 곳곳에 있는 예쁜 커피숍에 들러 친구들과 나누는 에이미의 경제 이야기를 통해 그동안 나의 문제점은 무엇이었는지 살펴보고, 고쳐야 할 점은 무엇인지 파악하도록 하자. 시간은 기다려주지 않으며 트렌드는 항상 바뀐다. 지금 알아둬야 할 것은 미래의 트렌드를 읽고 준비하는 노하우이며, 현재의 트렌드에 발 빠르게 따라가려는 살아 있는 도전이다.

커피숍에서 모든 메뉴를 맛보듯 각자의 모든 고민을 속 시원하게 해결해주는 멘토 에이미를 만나보자. 되는 일이 없다고 세상을 탓하기 이전에 세상에 대해 알아가는 노력이 필요하며, 세상에 믿을 사람 없다고 한탄하기 전에 스스로 다른 사람들에게 신뢰를 주는 전략이 필요하다.

다이어트하고 성형수술해서 예뻐지는 게 경쟁력이 아니다. 밝은 미소와 지혜로 만나는 사람을 편안하게 해주고 응원해주며 자신의 길에 도전을 멈추지 않는 사람이야말로 성공의 길을 앞서 여는 경쟁력을 갖게 된다.

사람들이 친하고 싶은 사람, 만나는 모든 이들이 즐거운 기억을 갖고 다음에 또 연락하게 하는 이가 이 시대의 성공의 키를 쥔 사람이다. 하루 종일 스마트폰만 들여다보며 친구들 메시지 확인하고 답장해주는 게 전부가 아니다. 쿠폰이란 쿠폰은 다 받아서 스마트폰에 저장해두고 사람들 만나며 할인혜택이나 적립금 챙기는 게 합리적인 소비생활이 아니라는 걸 알아야 한다.

이 책은 그동안 우리가 몰랐던 나쁜 말버릇과 경제습관에 대해 고쳐야 할 점을 즐거운 수다로 풀어낸다. 에이미에게 듣는 이야기를 통해 자신의 나쁜 습관을 고치는 시간이 되도록 하자.

행복은 항상 우리 팔 길이만큼 떨어진 곳에서 우리를 바라본다고 했다. 사람들이 원하는 '행운'은 아무리 달려가도 먼저 도망가버리는 통에 잡을 수 없지만, 팔만 뻗으면 잡을 수 있는 행복은 우리 곁을 절대 떠나지 않는다. 행운을 위해 현재의 행복을 보지 못하는 잘못을 저지르진 말자.

이 책에서 행복을 보는 법, 행복을 잡는 이야기를 배울 수 있을 것이다. 행운은 스스로 와야 하는 것이고 우리가 잡으려고 좇을수록 도망가버리기에 행운을 따라가다간 우리의 삶이 황폐해지고 가난해질 것이다.

한마디로 이 책은 행복을 만나는 이야기를 통해, 지금 최선을 다해서 내일의 성공이 스스로 다가오게 하는 노하우를 전수해줄 것이다.